Alle helfen

Rike Drust * Horst Klein

Alle helfen

25 Berufe, die die Welt besser machen

Klett Kinderbuch

Kinderärztin im Kriseneinsatz

Spitzname / Schimpfwort / Kosename: Doktor

Dazu brauchen wir dich: Ich behandle Kinder in Kriegs- und Krisengebieten

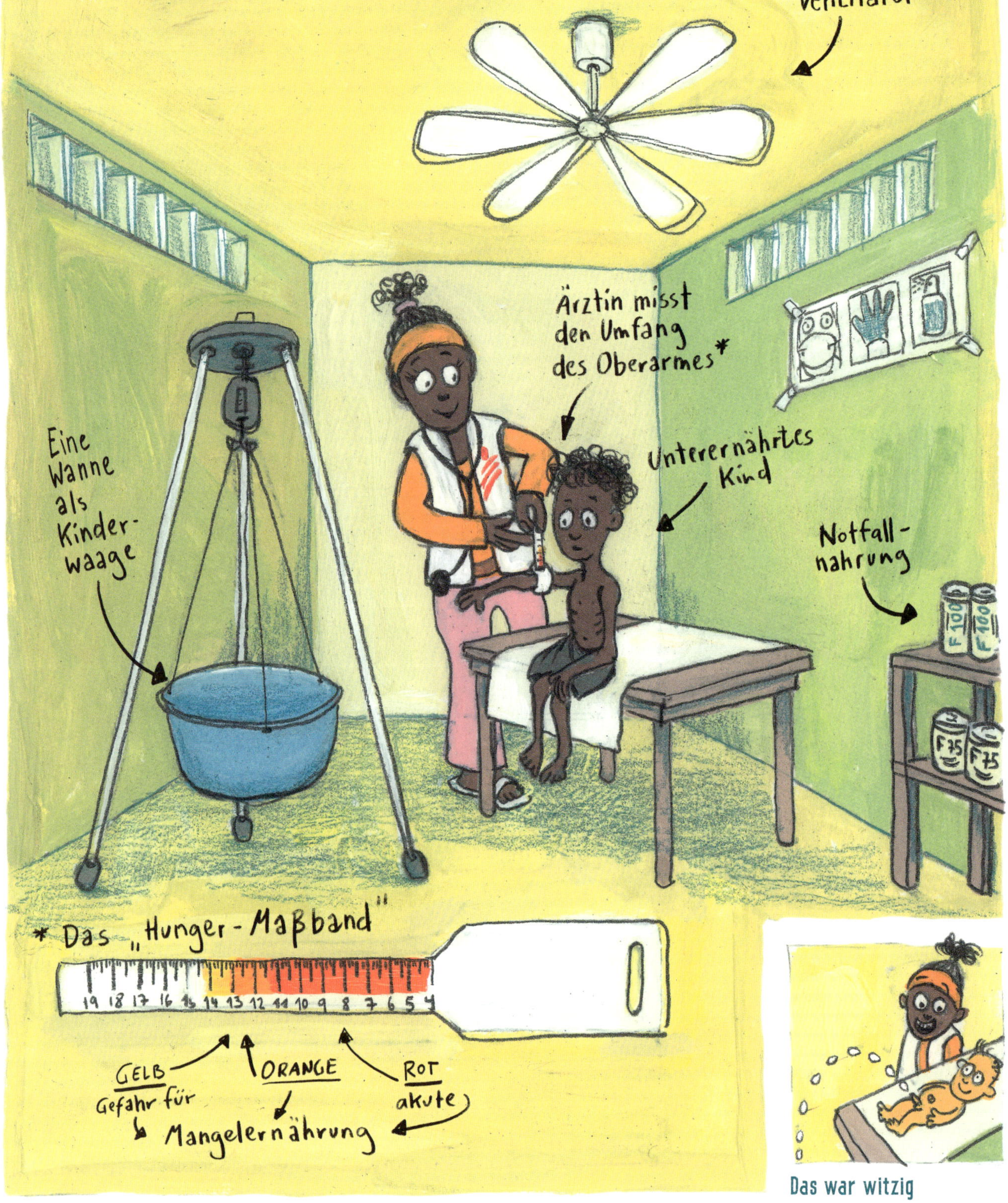

Das war witzig

Notfälle, die oft vorkommen:

Atemnot, Verletzungen, Fieber

Traurigkeit, Malaria, Lungenentzündung, Hunger

Was macht dir am meisten Spaß an deiner Arbeit?

Kindern zu helfen

Wenn es den Kindern wieder besser geht und ich mit ihnen Quatsch machen kann

Was ist doof und stört dich an deiner Arbeit?

Wenn ich merke, dass ich nicht helfen kann.

Ich sehe meine Familie oft lange nicht.

Welchen Satz sagst du oft?

Wo tut's denn weh?
Es wird bald wieder besser.

Welchen Satz kannst du schon nicht mehr hören?

Das hilft doch sowieso nicht, verschreiben Sie mir was Richtiges!

Was lasse ich lieber im Umgang mit dir?

Mich anlügen oder mich beißen

Wann und wie hast du mit Kindern zu tun?

Jeden Tag. Kinder kommen zum Impfen zu uns, oder weil sie Malaria haben.

Das ist schlimm

Wenn ich sehe, dass ein Kind sterben wird, und ich nichts tun kann

Dein größter Erfolg

Ich habe ganz schnell eine superseltene Erkrankung erkannt.

Das war schön

Was sind die Vorteile an deinem Beruf?

Mit Kindern gibt es immer viel zu lachen.

Ich habe mit ganz vielen verschiedenen Menschen zu tun.

Jeder Tag ist anders.

Was ist schwierig an deiner Arbeit?

Die Schmerzen der Kinder und die Sorgen der Eltern auszuhalten

Weil wir alle verschieden sind, gibt es manchmal Missverständnisse.

Meine Familie macht sich Sorgen, wenn ich in einem gefährlichen Land bin.

Warum passt diese Arbeit zu dir?

Ich mag Kinder und kann gut mit ihnen umgehen.

Was muss ich können, wenn ich das auch werden will?

Eine oder mehr Fremdsprachen

Blut sehen

Frust und Stress aushalten

Gut organisieren

Kinder mögen

Einfühlsam und offen sein

Bei was brauchst du Hilfe? Wer hilft DIR?

Manchmal fühle ich so mit, dass ich traurig werde. Dann rede ich mit meinem Team.

Was magst du gern?

Afrikanische Musik, Wandern und alles mit Kartoffel

Was magst du gar nicht?

Menschen, die zu schnell aufgeben, Milchreis und Schlangen

Geheimwissen: Ich habe ein Notfallversteck für Schokolade.

Typische Bewegung

Typische Frage

*Haitianisch für: Wann darf ich nach Hause?

Helf-O-Meter

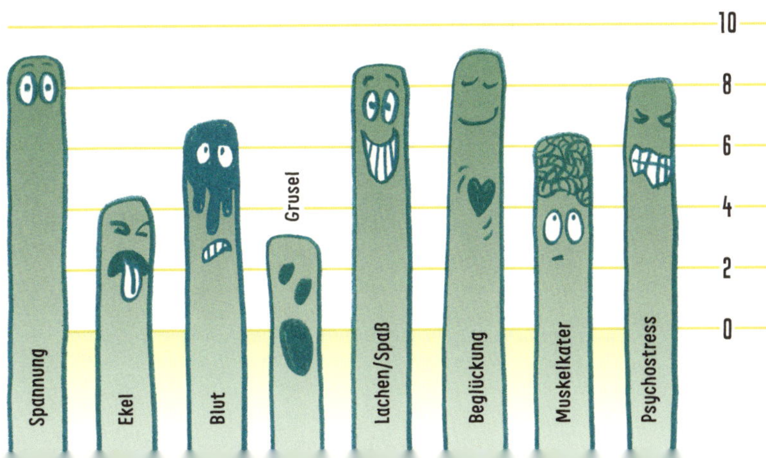

Feuerwehrmann

Spitzname / Schimpfwort / Kosename:
Feierwehr, Feuerpatsche, Feuerwehrmann Sam, Tatütata-Mann

Dazu brauchen wir dich:
Ich lösche Brände und rette Menschen und Tiere bei Unglücksfällen aller Art.
Kurz: Retten, Löschen, Bergen, Schützen

Notfälle, die oft vorkommen:
Kleine: Mülleimer brennt
Mittlere: Essen auf dem Herd vergessen – Küche brennt
Große: Haus brennt
Unnötige: Fehlalarm von Rauchmeldern
Sonstige: Überschwemmungen, Autounfälle, Katze auf dem Baum und noch viel mehr

Was macht dir am meisten Spaß?
Die glücklichen Gesichter der Menschen, denen wir helfen
Drehleiter fahren
Es ist immer spannend.
Mein Team ist wie eine zweite Familie.

Was stört dich bei deiner Arbeit?
Leute, die gaffen und uns im Weg stehen
Fehlalarm, Quatschalarm
Wenn keine Rettungsgasse gebildet wird

Welchen Satz sagst du oft?
Hallo, hier ist die Feuerwehr, was ist denn passiert?
Wasser marsch!
Geht es Ihnen gut?

Welche Bewegung machst du oft?
Feuerwehrschutzanzug an- und ausziehen
Griff zum Funkgerät
Einsatzbericht tippen

Wie lautet eine typische Frage an dich?
Ist da die Feuerwehr?
Können Sie mir helfen?

Welche Frage kannst du schon nicht mehr hören?
Was ist hier passiert?
Können Sie ein Stück nach vorne fahren, ich muss da durch!

Das war witzig
Als der Schlauch geplatzt ist und alle nass wurden.

Das ist schlimm
Wenn jemand trotz meiner Hilfe stirbt.
Je jünger, desto schlimmer.

Deine größten Erfolge
Wir haben eine schwangere Frau reanimiert und sie hat überlebt.
Als ich meinen LKW-Führerschein gemacht habe und endlich Drehleiter fahren konnte.

Was sind die Vorteile an deiner Arbeit?
Sie ist jeden Tag anders.
Dass ich mich mit gefährlichen Situationen gut auskenne und Ruhe bewahren kann
Ich kenne viele Leute und die Stadt.
Das Wir-Gefühl

Was lasse ich lieber im Umgang mit dir?
Nicht auf mich hören
Aus Quatsch „Hilfe!" schreien

Was ist schwierig an deiner Arbeit?
Die schwere Ausrüstung
Im Sommer in der Schutzkleidung schwitzen
Nachts aufzustehen und sofort zu funktionieren
Schnell Entscheidungen zu treffen, die über Leben und Tod entscheiden

Warum passt diese Arbeit zu dir?
Ich bin schon seit meiner Kindheit feuerwehrbegeistert.
Mich fasziniert die ganze Technik.

Was muss ich können, wenn ich das auch werden will?
Geh am besten gleich in die freiwillige Jugendfeuerwehr!
Du musst stark, sportlich und mutig sein.
Stress aushalten und gut im Team arbeiten können.
Mit wenig Schlaf auskommen.

Bei was brauchst du Hilfe? Wer hilft DIR?
Manchmal komme ich an Dinge nicht ran, da helfen mir Größere aus dem Team.
Beim Abschalten hilft mir meine Familie
Manchmal brauchen wir Hilfe von der Polizei, weil uns jemand angreift.

Was magst du gern?
An den See fahren, zocken und Waldmeister-Wackelpudding

Was magst du gar nicht?
Unordnung, Spinnen und Autos, die mich zu dicht überholen

Geheimwissen: Die Feuerwehr muss viel öfter technische Hilfe leisten als Brände löschen. Ich weiß, wo man Schlüssel findet, um in fast jedes Gebäude der Stadt zu kommen. Viele arbeiten freiwillig (und kostenlos) bei der Feuerwehr mit, das geht schon ab 6 Jahren!

Typische Bewegung

Typischer Satz

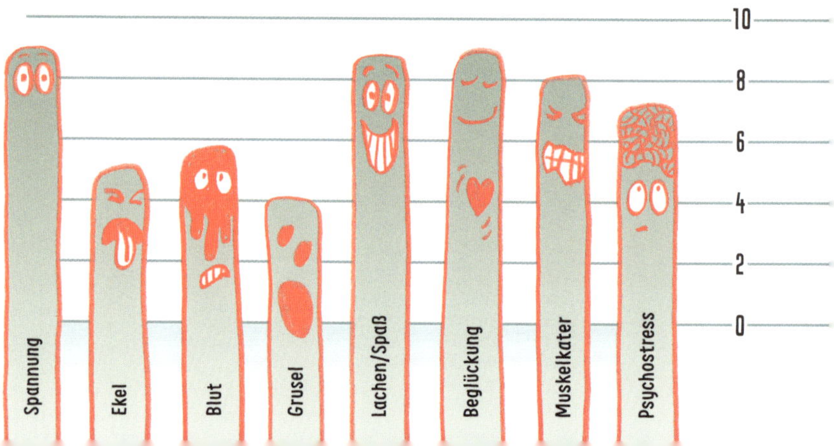

* Übungs-Feuerwehr„auto"

Oma

Spitzname / Schimpfwort / Kosename: Ama, Hilfsoma

Dazu brauchen wir dich: Zum Liebhaben, Trösten und wilden Quatsch machen, Vorlesen, Spielen, Mathe üben, Reden und Lieblingsessen kochen

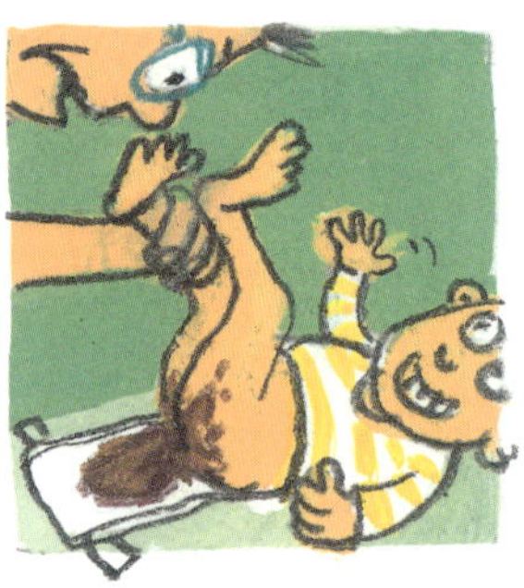

Das ist doof

Das ist auch doof

Das ist lustig

Notfälle, die oft vorkommen:

Irgendwer oder irgendwas fällt aus und die üblichen Verdächtigen können alle nicht – ein Fall für Oma!

Es wird Kuchen, Liebe, Pflaster oder Rat gebraucht.

Was macht dir am meisten Spaß?

Ich entdecke die Welt und das Leben nochmal neu.

Kuscheln, Lachen, Fotos gucken

Dass wir uns liebhaben

Was stört dich?

Manchmal die Eltern

Welchen Satz sagst du oft?

Du bist großartig!

Schön, dass du da bist.

Was möchtest du gern?

Welche Bewegung machst du oft?

Auf allen Vieren krabbeln

Kuscheln und Kitzeln

Wie lautet eine typische Frage an dich?

Von den Enkeln:

Omaaaaa ...?

Darf ich was Süßes?

Von den Eltern:

Hast du heute Zeit?

Welchen Satz kannst du schon nicht mehr hören?

Das esse ich nicht.

Was lasse ich lieber im Umgang mit dir?

Meckern

Mich beschimpfen

Schwindeln

Geheimwissen: Omas und Enkel müssen nicht verwandt sein.

Das war witzig

Einmal habe ich aus Scherz den Kinderwagen mal ein bisschen den Weg runterrollen lassen und alle schrien gleich los.

Das war schlimm

Weihnachten wegen Corona ohne Enkel feiern

Als mein Mann gestorben ist und die Kinder das erste Mal auf Opas Bettseite geschlafen haben

Deine größten Erfolge

Meine Enkel sind hilfsbereit, freundlich und ehrlich.

Und sie beißen gern in Bücher.

Was sind die Vorteile an deiner Arbeit?

Ich kann auch wieder nach Hause gehen und meine Ruhe haben.

Die Kinder halten mich jung.

Als Oma darf ich die Kinder verwöhnen und muss nicht so streng sein.

Was ist schwierig an deiner Arbeit?

Vielleicht erlebe ich es nicht mehr, wie sie groß werden – das ist traurig.

Warum passt diese Arbeit zu dir?

Ich liebe Kinder.

Ich kann gut zuhören und mir Zeit nehmen.

Was muss ich haben oder können, wenn ich das auch werden will?

Kinder haben

Kinder mögen

Eine Schublade mit Süßigkeiten

Bei was brauchst du Hilfe? Wer hilft DIR?

Meine Enkel beim Quatsch machen

Und beim Schönsein helfen mir mein Friseur und die Kosmetikerin.

Was magst du gern?

Dampfnudeln,

Wellnessurlaub und

ABBA

Was magst du gar nicht?

Schlechte Laune, Fleisch und Krieg

Typische Bewegung

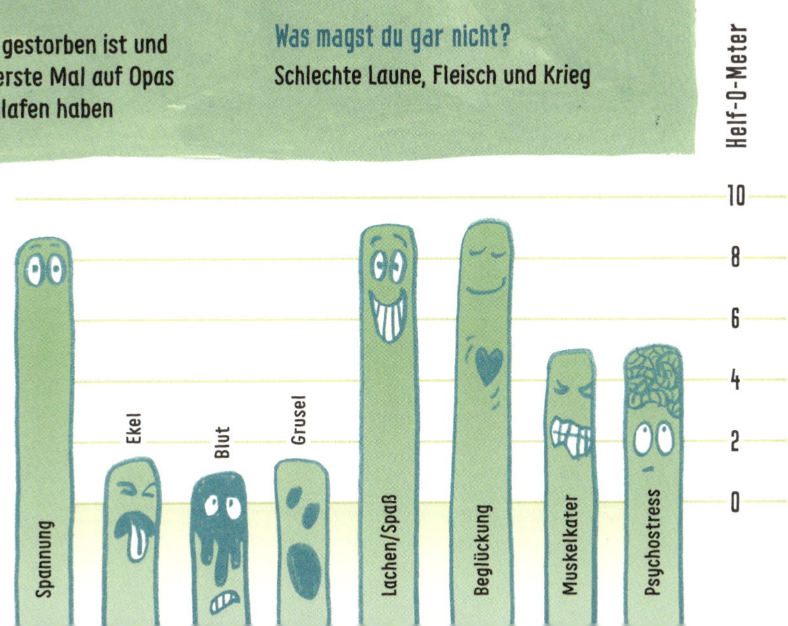

Assistenzhündin

Das macht Spaß

Spitzname / Schimpfwort / Kosename:
Helferhund, Socke, Köter – aber richtig heiße ich Davina!

Dazu brauchen wir dich:
Ich bin Assistenzhündin für meine Partnerin Britta, die hört nix.

Notfälle, die oft vorkommen:
Wenn Britta die Klingel oder den Rauchmelder nicht hört

Oder sie lässt was fallen und merkt es nicht, weil sie das Geräusch nicht hört.

Jemand klopft an die Tür.

Was macht dir am meisten Spaß an deiner Arbeit?
Ich lerne immer dazu.

Wenn meine Britta mich lobt

Ich darf überall dabei sein, das ist toll!

Was ist doof und stört dich an deiner Arbeit?
Wenn Menschen mich von meiner Arbeit ablenken und einfach angrabschen. Ich mag Menschen und Gestreicheltwerden, aber beim Arbeiten darf ich das nicht!

Dass ich viel rumliegen und warten muss.

Ich muss mich bei der Arbeit gut benehmen und darf kein Essen klauen.

Welche Bewegung machst du oft?
Ich laufe bei Fuß.

Ich gucke Britta an.

Ich stupse Britta ans Bein, wenn es was gibt, was sie mitbekommen muss.

Wie lautet eine typische Frage an dich?
Von Britta: Wollen wir raus?

Von anderen Leuten: Was kann der alles?

Welchen Satz kannst du schon nicht mehr hören?
Oh, bist du süüüüüüß!!

Wann und wie hast du mit Kindern zu tun?
Es gibt auch Hundekollegen, die Kindern mit Beeinträchtigung helfen. Die haben dann zwei Menschen: das Kind und einen Elternteil.

Das war witzig
Einmal hat Britta ihr Portemonnaie verloren und mich zum Suchen geschickt. Ich habe auch eins gefunden, es gehörte nur einer anderen Frau. Aber die hat sich auch gefreut.

Das war aufregend
Einmal ist Britta im Dunkeln über einen Pflasterstein gestürzt, ihr Gesicht hat geblutet! Ich habe schnell Hilfe geholt.

Dein größter Erfolg
Die bestandene Prüfung zum Assistenzhund

Was sind die Vorteile an deiner Arbeit?
Es gibt viel Lob und viele Leckerli.

Ich habe eine ganz enge Verbindung zu meiner Britta.

Britta achtet immer darauf, dass es mir gut geht.

Alle mögen mich!

Was ist schwierig an deiner Arbeit?
Mich nicht ablenken zu lassen (andere Hunde, nette Menschen, Bälle, leckeres Essen)

Ich muss in stressigen und lauten Situationen die Ruhe bewahren.

Warum passt diese Arbeit zu dir?
Ich lerne gern neue Tricks und Aufgaben.

Ich bin aufmerksam und zuverlässig.

Ich arbeite gern mit Menschen.

Was muss ich können, wenn ich das auch werden will?
Ein Hund werden ☺

Du solltest selbstständig sein und cool bleiben können.

Keine Angst vor anderen Tieren und Menschen haben

Gern arbeiten und Spaß am Lernen haben

Bei was brauchst du Hilfe? Wer hilft DIR?
Wenn ich etwas noch nicht kann, hilft mir meine Ausbilderin.

Und Britta hilft mir bei allen privaten Sachen.

Was magst du gern?
Schnüffeln, Pansen und mit meinem Hundekumpel Fiete spielen

Was magst du gar nicht?
Die Badewanne, Kälte und Silvester

Geheimwissen: Weil ich viel besser riechen kann als Britta, weiß ich immer, wo sie die Leckereien versteckt. Warnhunde wissen, was ihr Mensch braucht, bevor er es selber weiß. Das ist eine angeborene Fähigkeit, die nicht trainiert werden kann.

Typischer Satz

Wirklich doof!

* Brauchst Du mich gerade?

LA-LÜ
LA-LA!
112
PLATZ DA! Wir müssen ganz schnell auf Seite 44!!!
Die Ampel ist grün, aber da kommt ein Rettungswagen!
Ah, grün!
Oh! Ich muss Britta warnen!
Britta, taub
horch!
Achtung! ASSISTENZHUND nicht berühren
Davina, Assistenzhündin
Die Kenndecke (wenn angezogen, Hund nicht streicheln, stören, füttern u.s.w)
Noch mehr helfende Hunde:
Ich führe mein blindes Herrchen überall hin.
Ich bin ganz lieb!
Ich erschnüffle gesundheitliche Probleme und bringe Medizin.
SOS
Ich schnüffel nach verschütteten Menschen.
Blindenführhund
Therapiehund
Warnhund
Rettungshund

Erzieher

Spitzname / Schimpfwort / Kosename:
Kindergärtner, Onkel, Bastelonkel, Kaffeeonkel, Eierlegende Wollmilchsau

Dazu brauchen wir dich:
Ich begleite Kinder mit Spiel und Spaß durch den Tag, helfe ihnen, mit anderen klarzukommen und bringe ihnen bei, auf einem Bein zu hüpfen.

Notfälle, die oft vorkommen:
Sehnsucht nach den Eltern
Pipi! Kacka! Aua!
Streit, Hausschuhe weg
Irgendwas läuft immer: Nase, Tränen, Blut, Pipi, Wasser, Spinne

Was macht dir am meisten Spaß an deiner Arbeit?
Das Lachen der Kinder
Kinder trösten, Kinder begeistern
Ihnen beim Wachsen zuschauen
Quatsch machen und mit Fingerfarben malen
Ich bin jeden Tag mindestens einmal von Herzen froh.

Was ist doof und stört dich an deiner Arbeit?
Es ist oft sehr laut.
Die schlechte Bezahlung
Meckernde Eltern
Viele Viren

Welchen Satz sagst du oft?
Brauchst du Hilfe?
Bitte alle mal zuhören!
Wir werfen nicht mit Sand.

Welche Bewegungen machst du oft?
Mich vor ein Kind hocken
Schuhe zubinden, Po abwischen, Nase putzen
Kuscheln
Klatschen
Arme öffnen

Wie lautet eine typische Frage an dich?
Warum?
Liest du mir was vor?
Weißt du, Flo?

Welchen Satz kannst du schon nicht mehr hören?
Toll, den ganzen Tag nur spielen und Kaffee trinken.

Was lasse ich lieber im Umgang mit dir?
Schreien, Schlagen, Spucken (Kinder)
Mir nichts zutrauen (Eltern)
Unhöflich sein (alle)

Eine traurige / schlimme Begebenheit?
Es wurde in die Kita eingebrochen und das Spielzeug der Kinder geklaut.
Wenn wir merken, dass es einem Kind zuhause nicht gut geht
Ein Kind hatte eine Platzwunde und wir mussten zusammen ins Krankenhaus fahren.

Was sind die Vorteile an deiner Arbeit?
Ich kann viel spielen, rumalbern und draußen sein.
Immer was zu lachen, immer was los
Ich arbeite mit neugierigen Menschen.
Ich darf selbst noch ein bisschen Kind sein.

Was ist schwierig an deiner Arbeit?
Die gute Laune zu bewahren
Den Eltern immer alles recht machen – das geht einfach nicht.
Wir sind zu wenig Erzieher:innen für zu große Gruppen.

Warum passt diese Arbeit zu dir?
Weil ich mag, dass Kinder so ehrlich sind
Ich bin gern fröhlich und kann staunen.
Ich habe viel Geduld.

Was brauche ich, wenn ich das auch werden will?
Eine gute Ausbildung und ein großes Herz für Kinder und Familien
Geduld und viele gute Ideen
Einen starken Rücken, eine laute Stimme und Nerven aus Stahl

Bei was brauchst du Hilfe? Wer hilft DIR?
Wenn ich mich von Eltern angegriffen fühle, helfen mir meine Kolleg:innen.
Manchmal muss ich auch getröstet werden. Dann brauche ich meine Familie.

Was magst du gern?
Lesen, mein Skateboard und alles, was mit Käse überbacken werden kann

Was magst du gar nicht?
Kopfläuse, Popel im Buch und nasse Socken

Geheimwissen: Ich habe immer ein gutes Buch zum Vorlesen in der Tasche. Ich weiß immer, wo noch Kekse versteckt sind.

Das war lustig

Das war traurig

Helf-O-Meter

Typischer Notfall

Das nervt

Mein größter Triumph

Bergretterin

Spitzname / Schimpfwort / Kosename:
Bergwachtel, Kraxlerin, Franzi

Dazu brauchen wir dich:
Ich rette Menschen, die in den Bergen Hilfe brauchen.

Notfälle, die oft vorkommen:
Vom Wespenstich bis zur Lawine ist alles drin.
Stürze, Knochenbrüche, Herzanfälle
Ein Mensch wird vermisst, hat sich verlaufen oder verstiegen.

Was macht dir am meisten Spaß
Die Freundschaft / Gemeinschaft mit den Kameradinnen und Kameraden
Arbeit in und mit der Natur
Am schönsten Ort der Welt helfen
Hubschrauber fliegen!

Was stört dich an deiner Arbeit?
Wenn ein Notfall ist, muss ich alles stehen und liegen lassen.
Menschen, die mit Flip-Flops loswandern
Gaffer am Unfallort
Langes Warten auf den Einsatz

Welchen Satz sagst du oft?
Grüß Gott, ich bin die Franzi von der Bergwacht.
Bleib ganz ruhig, wir kriegen das hin.
Vorsicht, Seil!

Welche Bewegung machst du oft?
Ein Y mit ausgestreckten Armen, um den Hubschrauber einzuweisen
Funkgerät bedienen, Seil einrollen
Bergauf laufen mit viel Gepäck

Wie lautet eine typische Frage an dich?
Muss ich das jetzt bezahlen?
Wie geht es jetzt weiter?
Wie kommen wir denn jetzt vom Berg runter?

Welche Frage kannst du schon nicht mehr hören?
Warum hat das so lange gedauert?
Als Frau bei der Bergrettung?! Geht das? Das ist doch ein Männerjob.

Was lasse ich lieber im Umgang mit dir?
Mit Bergsteigerwissen von YouTube angeben
Im Weg rumstehen
Ungeduldig sein

Das war schön
Einmal haben wir ein Mädchen zu Weihnachten von einem gefährlichen Schneefeld geholt – gerade noch rechtzeitig.

Das war schlimm
Bei einem Lawinenabgang sind zwei Jugendliche gestorben.
Wir haben eine vermisste Frau gefunden, aber sie war schon tot.

Deine größten Erfolge
Wir haben einen vermissten Langläufer gefunden und gerettet. Er hatte sich bei Dunkelheit im Wald verlaufen und war schon stark unterkühlt.
Wie das ganze Team einen Kletterer aus der Felswand gerettet und abgeseilt hat
Ich habe die schwierige Prüfung geschafft!

Was sind die Vorteile an deiner Arbeit?
Kostenloser Skipass
Hubschrauber fliegen, Motorschlitten oder Quad fahren – sehr cool!
Draußen sein UND Gutes tun!
Alle freuen sich, wenn wir kommen.

Was ist schwierig an deiner Arbeit?
Sie ist körperlich anstrengend.
Ich muss hochkonzentriert sein, weil Fehler für alle lebensgefährlich werden können.
Wenn das Wetter nicht mitspielt

Warum passt diese Arbeit zu dir?
Weil ich die Berge und die Natur liebe
Weil ich mich gut im Gebirge auskenne
Weil ich körperlich topfit bin

Was muss ich können, wenn ich das auch werden will?
Gut klettern und Ski fahren
Eine dreijährige Ausbildung machen
Teamfähig, schwindelfrei, trittsicher sein

Bei was brauchst du Hilfe? Wer hilft DIR?
Ohne mein Team geht nichts.
Bei Schwerverletzten kommt der Rettungs-Helikopter.
Bei Lawinen helfen Lawinensuchhunde.
Beim Verarbeiten mancher schlimmer Erlebnisse hilft mir meine Familie.

Was magst du gern?
Klettern, Skifahren und Kaiserschmarrn

Was magst du gar nicht?
Wollwürste, Putzen und Müll in den Bergen

Typische Handbewegung

Notfälle, die oft vorkommen

Geheimwissen: Wir Bergretter:innen arbeiten ehrenamtlich, das heißt, wir werden nicht bezahlt und müssen uns unsere Ausrüstung und Arbeitskleidung oft selbst kaufen. Ich weiß immer, wo Norden ist, wie man eine Seilbahn über eine Schlucht spannt, wie man sich über einen Knoten abseilt, wie man aus Stöcken eine Rettungstrage baut, wie man eine Nacht im Gebirge ohne Zelt und Schlafsack überlebt. Und ich kenne Orte, wo dich niemand finden würde.

Kinder- und Jugendpsychotherapeut

Spitzname / Schimpfwort / Kosename:
Psycho-Doc, Psycho-Onkel, Seelenklempner

Dazu brauchen wir dich:
Ich helfe Kindern und Jugendlichen, wenn es ihnen seelisch nicht gut geht.

Notfälle, die oft vorkommen:
Stress in der Familie oder in der Schule

Traurigkeit, Wut, Angst

Einem Kind ist etwas sehr Schlimmes passiert.

Ein Kind will nicht mehr leben.

Eltern wissen nicht mehr weiter.

Was macht dir am meisten Spaß?
Das Vertrauen der Kinder

Ich kann spielen und neugierig sein.

Herauszufinden, was genau los ist

Wenn ich merke, wie es den Kindern wieder besser geht

Was ist stört dich bei deiner Arbeit?
Ich muss viele Berichte schreiben.

Wenn jemand die Therapie abbricht, ohne Bescheid zu sagen

Manche Eltern wollen nicht mitmachen.

Welchen Satz sagst du oft?
Wie geht es dir?

Wie hast du dich dabei gefühlt?

Ich finde dich unheimlich mutig!

Welche Bewegung machst du oft?
Nicken

Notizen machen

Malstifte aus dem Schrank holen

Wie lautet eine typische Frage an dich?
Ist das normal?

Was soll ich denn jetzt machen?

Wird es mir wieder besser gehen?

Erzählen Sie das meinen Eltern?

Welchen Satz / welche Frage kannst du schon nicht mehr hören?
Haben Sie noch Therapieplätze frei? (Spoiler: nein ☹ ...)

Du kannst mich bestimmt durchschauen.

Das wird doch sowieso nicht besser.

Was lasse ich lieber im Umgang mit dir?
Bei mir ist alles erlaubt, was guttut.

Das ist schlimm
Manche Kinder erleben so schreckliche Sachen, das hört nicht auf, traurig zu sein.

Wenn Kinder sagen, dass sie nicht mehr leben wollen

Was sind die Vorteile an deiner Arbeit?
Mein Sessel ist sehr gemütlich.

Ich brauche nicht viele Arbeitsgeräte.

Ich kann morgens ausschlafen.

Ich werde immer gebraucht.

Was ist schwierig an deiner Arbeit?
Dass es zu wenig Therapieplätze gibt und die Wartezeit so lang ist

Dass ich manchmal gar nicht oder nur ein bisschen helfen kann

Auszuhalten, wenn mir Kinder ihre schlimmen Erfahrungen erzählen

Immer geduldig und verständnisvoll zu sein, auch wenn ich gerade selbst nicht gut drauf bin

Das Abschiednehmen, wenn die gemeinsame Zeit vorbei ist

Warum passt diese Arbeit zu dir?
Ich kann gut zuhören und rauskriegen, was los ist.

Ich bin witzig und offen.

Ich möchte immer verstehen, wie sich Menschen verhalten.

Ich habe eine beruhigende Stimme.

Was muss ich können, wenn ich das auch werden will?
Die lange Ausbildung durchhalten

Du brauchst viel Geduld und Einfühlungsvermögen

Deine eigenen Grenzen kennen

Bei was brauchst du Hilfe? Wer hilft DIR?
Ich rede mit anderen Therapeut:innen über die Arbeit. Das heißt dann Intervisionsgruppe.

Meine Familie hilft mir auch.

Was magst du gern?
Meine Kinder, Gumminaschi und auf den Flohmarkt gehen

Was magst du gar nicht?
Meeresfrüchte, dreckige Fingernägel und H-Milch

Doofe Frage

Größter Triumph

Geheimwissen: Alles bleibt geheim, da ich unter Schweigepflicht stehe. Die Krankheiten der Seele sind genauso wichtig wie die Krankheiten des Körpers! Wer Therapie macht, ist nicht verrückt – im Gegenteil!

Typische Bewegungen

Das war lustig

Seenotretter

Spitzname / Schimpfwort / Kosename:
Axel, Gutmensch

Dazu brauchen wir dich:
Ich rette Menschen auf dem Meer aus großer Not und vor dem Tod.

Notfälle, die oft vorkommen:
Überfüllte Boote, kaputte Boote
Die Menschen in den Booten haben zu wenig Essen und Trinken.
Boote kentern und die Menschen drohen zu ertrinken.

Was macht dir am meisten Spaß?
Dass ich Menschen retten kann (manchmal muss ich vor Freude darüber weinen)
Die tollen Menschen, mit denen ich zusammenarbeite
Zu spüren, wie unbedingt notwendig meine Arbeit ist

Was ist doof und stört dich an deiner Arbeit?
Die Länder wollen die Flüchtlinge oft nicht aufnehmen.
Wir werden an unserer Arbeit gehindert.
Dass überhaupt Menschen fliehen müssen

Welchen Satz sagst du oft?
Maschine volle Fahrt voraus!
Wie geht's euch?
Jeder Mensch hat ein Recht auf Leben.

Welche Bewegung machst du oft?
Konzentriert in die Ferne schauen
Steuerrad bedienen
Gerettete Menschen vom Schnellboot holen (die Hand entgegenstrecken, kräftig festhalten und ziehen)

Wie lautet eine typische Frage an dich?
Warum bringt ihr die nicht nach Afrika zurück?

Was kannst du schon nicht mehr hören?
Das Schweigen, wenn wir per Funk um Hilfe von der Küstenwache bitten

Was lasse ich lieber im Umgang mit dir?
Mich Schlepper nennen
Behaupten, dass man sowieso nichts ändern kann

Wann hast du mit Kindern zu tun?
Auf den Booten, die wir retten
Manchmal werden auf Einsätzen auch Babys geboren.

Das war schön
Ich habe schon Delfine und sogar einen Walfisch gesehen.

Das ist schlimm
Wenn jemand sich auf der Flucht verletzt hat und bei uns auf dem Boot stirbt
Wenn wir zu spät kommen und das Boot und die Menschen einfach weg sind
Wir haben einen toten Mann im Meer gefunden und ihn auf See bestattet.

Dein größter Erfolg
Weil ich unser kaputtes Boot repariert habe, konnten wir doch los und haben über 100 Menschen gerettet.

Was sind die Vorteile an deiner Arbeit?
Sie erfüllt mich.
Es ist wichtig, dass Menschen andere Menschen retten.
Ich kann ich selbst sein.

Was ist schwierig an deiner Arbeit?
Genug Spenden zu sammeln, damit unser Rettungsschiff losfahren kann
Auf einem kleinen Schiff bei rauer See viele Wochen unterwegs zu sein, ist hart.
Ich sehe schlimme Dinge.

Warum passt diese Arbeit zu dir?
Ich übernehme gern Verantwortung.
Weil ich Dinge kann, die gebraucht werden, zum Beispiel ein Boot steuern.
Ich habe einen starken Gerechtigkeitssinn.

Was muss ich können, wenn ich das auch werden will?
Am besten ganz viel auf einmal.
Wir haben wenig Platz auf dem Boot und brauchen Kapitänin, Arzt, Köchin, Übersetzer, Technikerin und viele andere.
Im Team arbeiten
Vorher klären, dass du nicht seekrank wirst

Bei was brauchst du Hilfe? Wer hilft DIR?
Wenn ich an Land bin, rede ich mit ehrenamtlichen Psychotherapeut:innen über meine Erlebnisse.

Was magst du gern?
Meinen Kleingarten, Spaghetti und Techno-Musik

Was magst du gar nicht?
Früh aufstehen, Antipasti und wenn Menschen nicht geholfen wird

Geheimwissen: Manche Leute behaupten, dass die Flüchtlinge nicht losgefahren wären, wenn wir sie nicht retten würden. Das stimmt aber nicht. Denn Flüchtlinge fahren nur in diesen unsicheren Booten auf das Meer, weil es keine anderen Wege gibt.

Typische Handbewegung

Das ist schön

Das war auch schön

Das ist schwierig

Krankenhaus-Clownin

Spitzname / Schimpfwort / Kosename: Clowni, Spaßmacher, Pappnase, Humorologin, Clownine

Dazu brauchen wir dich: Ich bringe Spaß, Quatsch und Leichtigkeit ins Krankenhaus. Ich sorge dafür, dass im Krankenhaus das Bauchweh vom Lachen kommt.

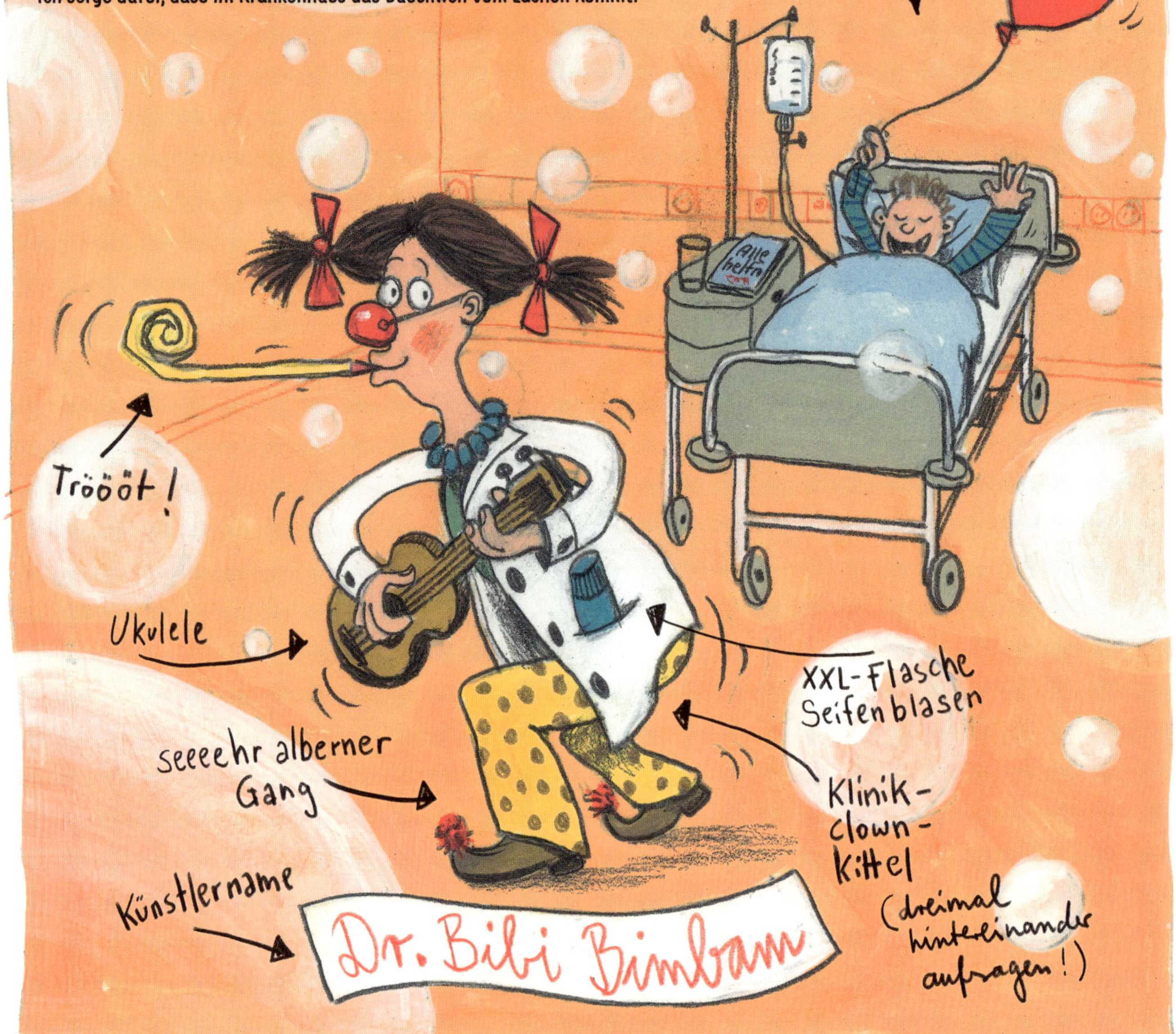

Typische Frage

Typische Bewegung

Doofer Satz

Häufiger Satz

Notfälle, die oft vorkommen:
Angst, Langeweile, Schmerzen, Sorgen

Ein Kind bekommt eine Spritze.

Akute Quatsch-Unterversorgung!

Was macht dir am meisten Spaß?
Singen, Zaubern, Hüpfen

Gut stolpern und Sachen verstecken

Wenn plötzlich alle lachen und die Stimmung im Zimmer hell wird

Was ist doof und stört dich an deiner Arbeit?
Doof? Selber doof!

Handy und Fernseher

Zu wenig Zeit

Wenn Kinder Angst vor Clowns haben

Wenn ich mich selbst nicht lustig fühle

Welchen Satz sagst du oft?
Himmiherrgottzagramentzefix-hallelujaglumpfaregts!

Schön, dass ich dich besuchen durfte! Du bist toll!

Welche Bewegung machst du oft?
Mich mit rausgestrecktem Po verbeugen

Ukulele spielen und tanzen

Wie lautet eine typische Frage an dich?
Wann kommst du wieder?

Was ist in deinem Koffer?

Bist du lustig?

Wie wird man Klinikclown?

Welche Frage kannst du schon nicht mehr hören?
Ist schon wieder Fasching?

Ist es nicht schwer, so viel Schmerz zu sehen?

Was lasse ich lieber im Umgang mit dir?
Meine rote Nase anfassen

Meinen Clownskoffer ausräumen

Lustiger sein als ich

Essen rumliegen lassen (könnte gefährlich werden)

Das war witzig
Als ich ein Kind, das eine Bluttransfusion bekam, fragte, ob das Ketchup in dem Beutel ist, und es nur noch lachen konnte

Ein Junge musste bei meinem Quatsch so lachen, dass er im Bett nach vorn klappte und ich rief: „Oh, je, jetzt ist er kaputt." Da musste er noch mehr lachen.

Das ist traurig
Wenn Eltern sagen, dass ihr Kind keinen Clownsbesuch will, aber ich dem Kind ansehen kann, dass es nicht stimmt.

Deine größten Erfolge?
Wenn ich supercoole Teenager zum Lachen bringen kann

Wenn Kinder nach meinem Besuch weniger Schmerzen haben

Was sind die Vorteile an deiner Arbeit?
Alle lieben mich! Jedenfalls meistens.

Ich darf spielen, musizieren, zaubern, tanzen und ganz viel Quatsch machen.

Hinter jeder Krankenzimmertür ist es anders, die Arbeit wird nie langweilig.

Was ist schwierig an deiner Arbeit?
Lustig zu sein, wenn es mir selbst schlecht geht

Die viele Krankheit und Traurigkeit auszuhalten

Zu merken, wann ich dableiben oder besser gehen sollte

Ich kann nicht jeden Menschen aufheitern.

Ich muss mich leicht und lustig an einem Ort bewegen, an dem es viel Schweres gibt.

Warum passt diese Arbeit zu dir?
Ich bin schlagfertig.

Ich darf Quatsch machen.

Ich sehe immer das Komische in allem.

Die Arbeit macht mir selbst auch gute Laune.

Was brauche ich, wenn ich das auch werden will?
Mut zum Stolpern

Selbstvertrauen und ein gutes Gespür für Menschen

Eine Clowns-Ausbildung, und wenn du auch noch tanzen, schauspielen oder ein Musikinstrument kannst – umso besser!

Und du darfst es nicht schlimm finden, wenn mal etwas nicht klappt.

Bei was brauchst du Hilfe? Wer hilft DIR?
Wenn ich traurig bin, nimmt mein Mann mich fest in den Arm

Profis erklären mir, wie ich fröhlich bleiben kann.

Ich rede viel mit anderen Clowns über unsere Erfahrungen.

Was magst du gern?
In die Luft schauen, im See schwimmen und Knödel mit Chips

Was magst du gar nicht?
Auberginen, schwere Sachen tragen und Schweigen, wenn eigentlich geredet werden müsste

Geheimwissen: Klinik-Clowns arbeiten nicht ehrenamtlich, das heißt: Sie sind gut ausgebildet und werden dafür bezahlt. Viele denken, Clowns sind immer laut und lustig, dabei können sie auch weinen und ganz still sein.

Das ist doof

Das ist schlimm

Helf-O-Meter

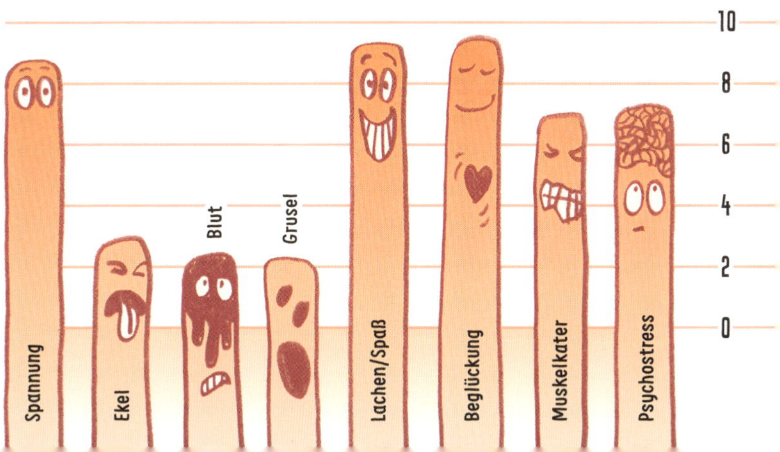

Klima-Aktivistin

Spitzname / Schimpfwort / Kosename: Aktivisti, Ökoterroristin, Ökotussi, Rebellin, links-grün versifftes Pack

Dazu brauchen wir dich: Ich mache auf den Klimawandel aufmerksam.

Typische Bewegung

Das war toll

Und das war auch toll

Notfälle, die oft vorkommen:

Das ganze Klima ist ein Notfall!

Was macht dir am meisten Spaß an deiner Arbeit?

Die starke Gemeinschaft

Dass ich mich für das Richtige einsetze

Durch sie fühle ich mich nicht so hilflos.

Was ist stört dich an deiner Arbeit?

Erwachsene, die uns nicht ernst nehmen, Politiker:innen, die uns ignorieren und Polizist:innen, du uns angreifen

Welchen Satz sagst du oft?

Wir sind hier!

Wir sind laut!

Weil ihr uns die Zukunft klaut!

Ich mache das auch für dich!

Welche Bewegung machst du oft?

Plakate malen, Plakate kleben

Auf Demos mitlaufen

Flyer verteilen

Wie lautet eine typische Frage an dich?

Und ihr meint, das bringt was?

Muss das sein?

Was lasse ich lieber im Umgang mit dir?

Den Klimawandel leugnen

Welchen Satz kannst du schon nicht mehr hören?

Geht arbeiten!

Das ist schön

Eine Polizistin hat mir beim Abtasten gesagt „Nicht aufhören!"

Wenn Menschen spontan mitmachen

Wenn richtig viele Menschen da sind und zusammen feiern und tanzen

Ich hörte, wie eine Mutter zu ihrem Kind sagte: „Die kümmern sich um deine Zukunft."

Das ist schlimm

Wenn die Polizei anderen Aktivist:innen weh tut (Arm umdrehen)

Die Räumung von besetzten Flächen

Wenn die Politik trotzdem nichts ändert

Deine größten Erfolge

Wenn sich immer mehr Menschen fürs Klima einsetzen

Ich habe eine Fahrraddemo auf einer Autobahn organisiert.

Meine Oma wählt jetzt nicht mehr AfD.

Was sind die Vorteile an deiner Arbeit?

Es hat einen tiefen Sinn.

Ich muss mir später nicht vorwerfen, nichts getan zu haben.

Was ist schwierig an deiner Arbeit?

Den Hass und die Beleidigungen auszuhalten, auf der Straße und im Internet

Die Hoffnung nicht zu verlieren

Der Stress mit der Polizei

Warum passt diese Arbeit zu dir?

Ich habe mich noch nie in meinem Leben so sinnvoll gefühlt.

Mir ist die Zukunft wichtig.

Meine laute Stimme ist super, um in der Menge Sprüche zu rufen.

Was brauche ich, wenn ich das auch werden will?

Wut, Mut und Entschlossenheit

Komm einfach zu einer Demo!

Bei was brauchst du Hilfe? Wer hilft DIR?

Der Job ist emotional anstrengend. Deshalb hole ich mir psychologische Hilfe.

Und wenn ich aus dem Polizeigewahrsam entlassen werde, werde ich mit Umarmungen und Schokolade empfangen. Das hilft mir auch.

Was magst du gern?

Mit meiner Katze kuscheln, Fahrradfahren und Falafel

Was magst du gar nicht?

Spinnen, Kümmel und (dicke) Autos

Das war doof

Typischer Satz

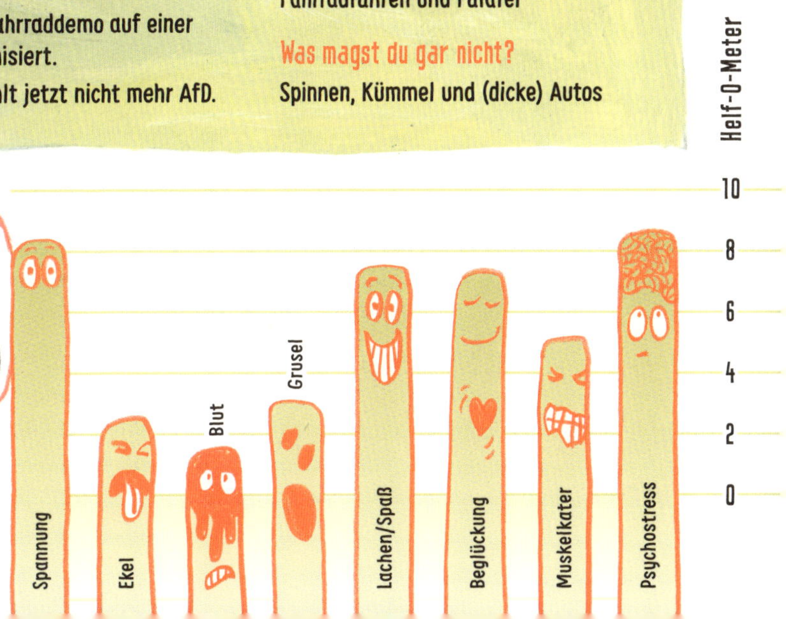

Geheimwissen: Ich habe immer einen Zettel mit Demosprüchen dabei, falls ich sie mal vergesse. Ich finde es nicht toll, andere zu ärgern, ich bin verzweifelt. Immer einen Pulli zu viel anziehen, dann hast du im Polizeigewahrsam ein Kopfkissen

Tierheim-Mitarbeiter

Spitzname / Schimpfwort / Kosename:
Tierretter, Katzenmann, Tierheim-Papi

Dazu brauchen wir dich:
Ich kümmere mich um Tiere ohne Zuhause.
Manche fange ich ein oder hole sie ab und dann versorge und pflege ich alle im Tierheim.

Notfälle, die oft vorkommen:
Angefahrene Katzen, ausgesetzte Haustiere
Tiere werden misshandelt oder gequält und müssen gerettet werden.

Was macht dir am meisten Spaß?
Die Arbeit mit verschiedenen Tierarten
Tieren ein Zwischendurch-Zuhause zu geben
Zu sehen, wie die Tiere wieder gesund und fröhlich werden

Was ist doof und stört dich an deiner Arbeit?
Manchmal die Menschen, mit denen wir dabei zu tun kriegen
Ich muss auch an Wochenenden und Feiertagen arbeiten.
Es stinkt und ich muss viel putzen.
Überall fehlt Geld.

Welchen Satz sagst du oft?
Das Tierheim ist leider voll.
Was für ein Tier suchen Sie denn?
Tiere sind kein Spielzeug!

Wie lautet eine typische Frage an dich?
Haben Sie auch Welpen?
Warum muss ich zwei Kaninchen nehmen?
Können Sie kommen und den Wellensittich einfangen?

Welchen Satz kannst du schon nicht mehr hören?
Wenn ich könnte, würde ich alle nehmen.
Ja, ich wollte den Hund, aber jetzt hab ich es mir anders überlegt.

Was lasse ich lieber im Umgang mit dir?
Über ein aggressives Tier sagen „Das sollte man lieber abknallen!"
Alles besser wissen, weil du auch schon mal einen Hund hattest

Das war rührend
Ein Kater, der zu uns gebracht wurde, lief so lange zu seinem alten Zuhause zurück, bis die neu eingezogene Familie ihn adoptiert hat.

Das ist schlimm
Wenn wir für ein Tier kein passendes Zuhause finden und es im Tierheim stirbt
Ich habe viele Tiere gesehen, die von Menschen misshandelt wurden.

Deine größten Erfolge?
Mich hat noch nie ein Hund gebissen.
Immer, wenn ich Fotos vom glücklichen Tier in seiner neuen Familie bekomme
Wir haben 33 kleine und 8 große Hunde aus ganz schlechter Haltung befreit, gepflegt und 38 von ihnen vermittelt.

Was sind die Vorteile an deiner Arbeit?
Ich kann jeden Tag mit Tieren arbeiten.
Ich bin viel draußen.
Süße, flauschige Tierbabys kuscheln!

Was ist schwierig an deiner Arbeit?
Die Schicksale der Tiere auszuhalten
Manchmal muss ich Tiere einschläfern lassen.
Der Umgang mit gefährlichen Hunden und egoistischen Menschen

Warum passt diese Arbeit zu dir?
Weil ich Tiere liebe und schon immer geliebt habe
Ich arbeite gern draußen.
Ich bin stark und gut im Putzen.

Was brauche ich, wenn ich das auch werden will?
Eine Ausbildung als Tierpflegerin oder Tierpfleger
Ein großes Herz für ALLE Tiere
Die Bereitschaft, für wenig Geld viel zu arbeiten

Wer hilft DIR?
Tierärzt:innen oder die Tierrettung
Menschen, die uns Geld spenden
Menschen, die in ihrer Freizeit bei uns putzen und mit den Tieren Gassi gehen oder kuscheln

Was magst du gern?
Bummeln, mich um meine Tiere kümmern und Brot mit Quark.

Was magst du gar nicht?
Regenwetter, Discos und den Glibber auf Erdbeerkuchen

Geheimwissen: Von 3000 Katzen, die drei verschiedene Fellfarben haben, sind 2999 weiblich. Sie werden auch Glückskatzen genannt. Ohne die Freiwilligen könnten wir einpacken! Achtung: 80% der Arbeit im Tierheim ist Putzen!

Das ist schön

Das ist doof

* Immer dienstags lesen Kinder unseren Katzen vor!

Typische Bewegungen

* Kategorie 1 sind die „gefährlichen", also z.B. die Kampfhunde

Das ist traurig

... aber das war lustig!

Blutspender

Spitzname / Schimpfwort / Kosename: Lebensretter, die Null

Dazu brauchen wir dich:

Ich gebe von meinem Blut etwas ab, damit andere Menschen weiterleben können.

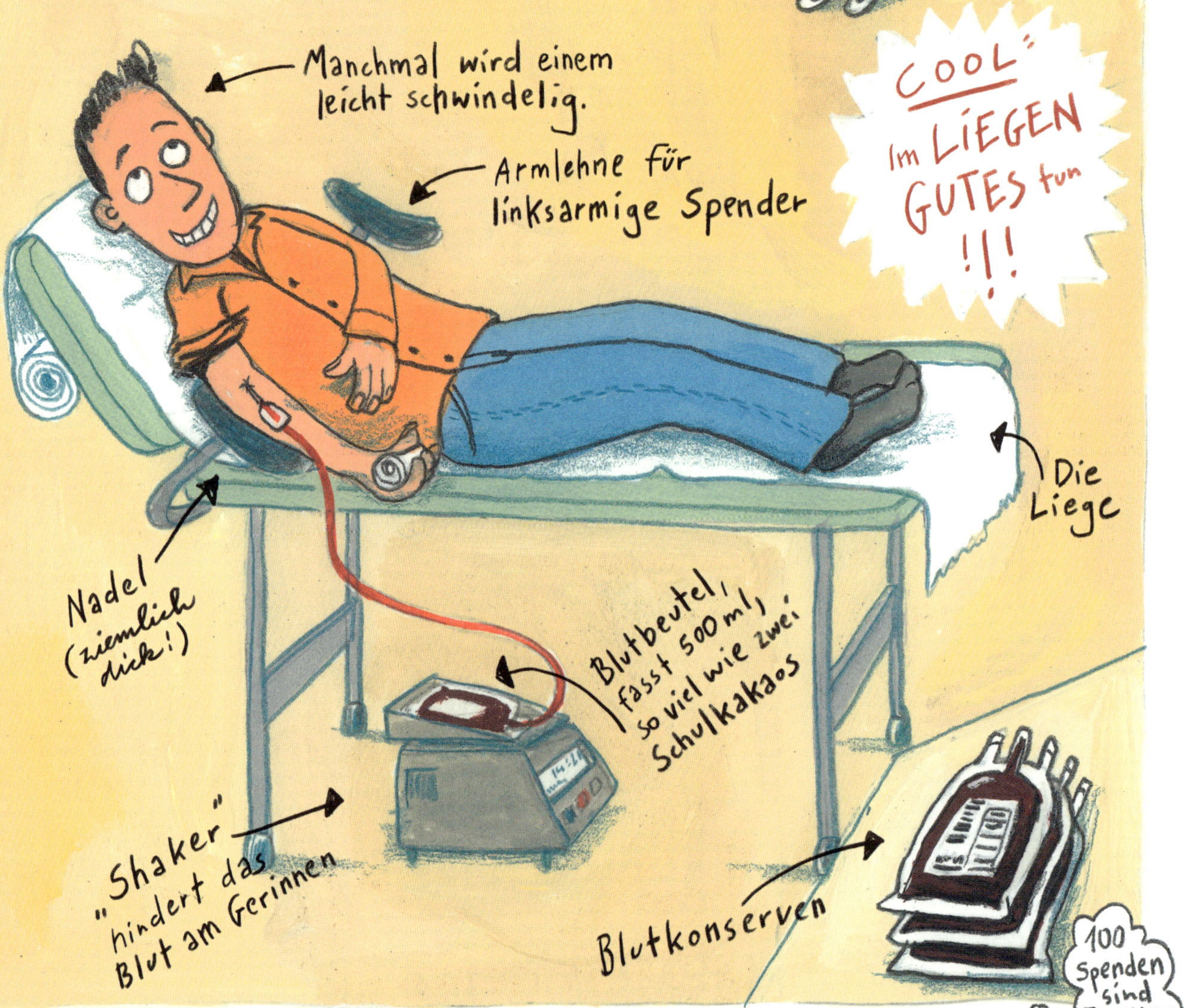

Typische Handbewegung

Das war traurig

Das war toll

Notfälle, die oft vorkommen:

Wenn Menschen bei Unfällen oder Operationen viel Blut verlieren, brauchen sie Blut von anderen, damit sie nicht sterben.

Was macht dir am meisten Spaß an deiner Arbeit?

Danach gibt's Cola und was zu essen.

Ich kann dabei liegen.

Ich treffe ganz viele verschiedene nette Leute.

Hinterher fühle ich mich, als hätte ich jemanden gerettet.

Was ist doof und stört dich an deiner Arbeit?

Der Piks

Manchmal gibt es blaue Flecken an der Einstichstelle.

Wenn ich vorher zu wenig getrunken habe, dauert es lange.

Wie lautet eine typische Frage an dich?

Haben Sie genug gegessen und getrunken?

Fühlen Sie sich gesund?

Links oder rechts?

Was lasse ich lieber im Umgang mit dir?

Die Nadel bewegen, wenn sie noch im Arm steckt

Meine Vene nicht treffen

Vampir-Witze machen

Das war lustig

Ich habe mal gleichzeitig mit meinem Mann gespendet und gewettet, wer als erstes den Beutel vollgespendet hat. Ich habe gewonnen.

Das ist traurig

Einmal bin ich beim Blutspenden ohnmächtig geworden.

Manchmal sehe ich arme Leute, die Blut spenden, weil sie das Geld brauchen.

Dein größter Triumph?

Wenn ich jemanden überzeuge, auch Blut zu spenden

Was sind die Vorteile an deiner Arbeit?

Ich kann schnell helfen, ohne mich anzustrengen.

Ich erfahre nichts vom Leid der Menschen, die mein Blut bekommen.

Es gibt Geld und/oder was zu essen.

Mit jeder Spende bekomme ich einen kostenlosen Gesundheits-Check.

Was ist schwierig an deiner Arbeit?

Vor der Spende genug zu trinken

Nicht auf die Nadel gucken!

NICHT auf die Nadel gucken!

Manchmal hab ich Kreislaufprobleme.

Warum passt diese Arbeit zu dir?

Weil ich gerne anderen helfe

Es ist ganz leicht und kostet nichts.

Was muss ich haben, wenn ich das auch werden will?

Keine Angst vor Nadeln

Einen guten Eisenwert

Mehr als 50 kg wiegen, über 18 Jahre und gesund sein

Und du musst gesund sein: Schon nach einer Erkältung musst du mindestens sieben Tage warten, bis du spenden darfst, nach einem fiebrigen Infekt wie Magen-Darm sind es sogar vier Wochen.

Das denke ich oft

Das beruhigt mich

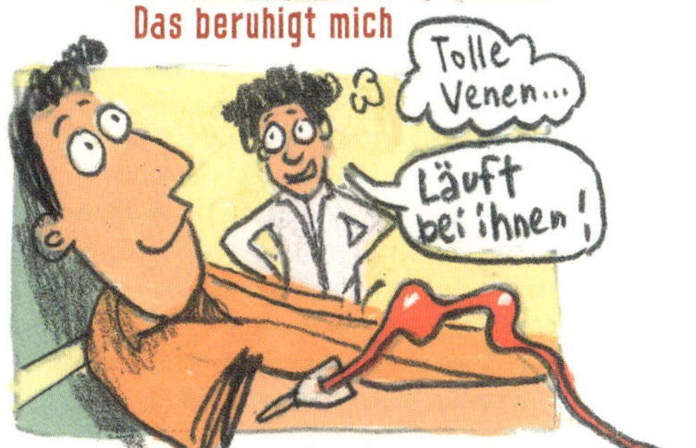

Das freut mich

Was magst du gern?

Lesen, meine Freunde und Johannisbeersaft.

Und ich fahre gerne mit dem Rennrad durch die Landschaft. Wenn ich stürze und viel Blut verliere, bekomme ich zur Not ja neues.

Was magst du gar nicht?

Leute, die abhauen, wenn sie einen Unfall gebaut haben, Streit und Blutwurst

Geheimwissen: Wenn man vorher viel Wasser trinkt, läuft es gleich viel schneller! Meine Blutgruppe ist A Rh (D) pos K neg. Und deine? Blut kann nicht künstlich hergestellt werden! Deshalb sind die Spenden so wichtig. Im Sommer haben weniger Leute Lust zum Blutspenden, dabei passieren da mehr Unfälle, weil alle draußen aktiv sind. Blutspender:innen werden immer gesucht!

Mag ich

Mag ich nicht

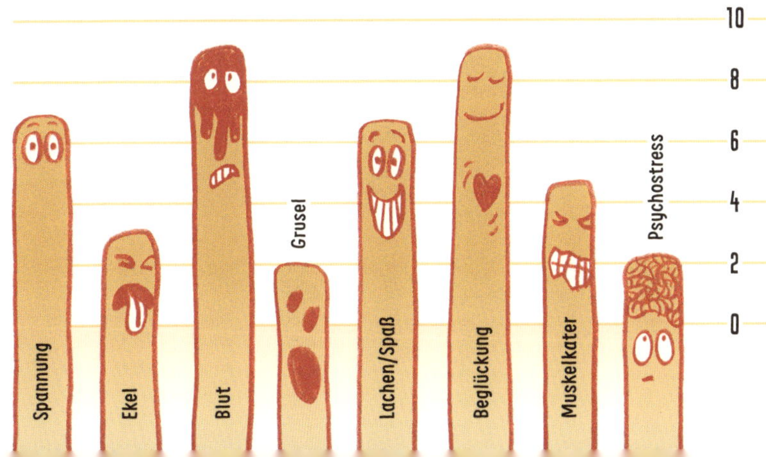

Beraterin bei »Nummer gegen Kummer«

Spitzname / Schimpfwort / Kosename: Psychotante, Kummerkasten, Sorgentante, Blitzableiterin

Dazu brauchen wir dich: Kinder und Jugendliche rufen mich an und erzählen von ihren Sorgen, ohne dass jemand etwas davon mitbekommt.

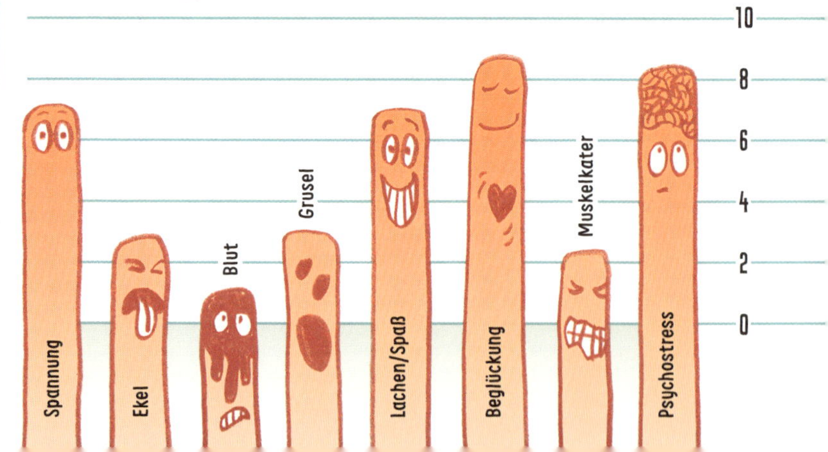

Notfälle, die oft vorkommen:

Einsamkeit

Probleme mit Freund:innen

Stress mit den Eltern

Liebeskummer, Mobbing,
Ärger in der Schule

Ein Kind weiß nicht mehr weiter,
alles wird ihm zu viel.

Was macht dir am meisten Spaß?

Wenn ich tatsächlich helfen kann

Die Arbeit ist sehr abwechslungsreich.

Ich spreche mit Menschen, die ich sonst nie kennenlernen würde.

Was ist doof und stört dich bei deiner Arbeit?

Die vielen Scherzanrufe

Wenn es im Hintergrund bei dem Kind sehr laut ist

Wenn Leute nur anrufen, um mich fies zu belästigen

Gespräche, die plötzlich abbrechen und ich weiß nicht, warum

Wie lautet eine typische Frage an dich?

Ist das auch wirklich anonym?

Was soll ich denn jetzt machen?

Du sagst das auch nicht weiter?

Welchen Satz kannst du schon nicht mehr hören?

Hallo, ich möchte eine Pizza bestellen!

Fick dich!!!

Was lasse ich lieber im Umgang mit dir?

Ins Telefon schreien

Mich beschimpfen und beleidigen

Mich ausfragen

Einfach auflegen

Das war witzig

Ein paar Kinder riefen an und sagten nach einer Weile: „Wir wollten dich so ärgern, dass du auflegst, aber du bist ja viel zu nett."

Pfiffige Kinder haben mich mal mit einer anderen Hilfehotline verbunden.

Das ist schlimm

Wenn Kinder so weinen müssen, dass sie kaum sprechen können

Ein Kind durfte seine Mutter nicht sehen, hat sie aber so vermisst.

Ein Kind wollte unbedingt bei seiner Familie bleiben, obwohl es dort geschlagen wurde.

Ein Kind ist während unseres Telefonats aus dem Fenster gesprungen und ich konnte keine Hilfe schicken, weil ich ja nicht wusste, wohin!

Deine größten Erfolge?

Ein Junge wollte mich eigentlich nur ärgern, aber dann haben wir über sein wirkliches Problem gesprochen.

Wenn ein Kind nach dem Gespräch eine neue Idee hat und wieder fröhlich klingt

Jemand sagte, er wünscht sich so eine Freundin wie mich.

Ich habe mal einem Mädchen das Leben gerettet.

Ein ehrliches, dickes Dankeschön

Was sind die Vorteile an deiner Arbeit?

Niemand sieht mich, ich bin allein im Büro.

Ich lerne, auch meine eigenen Probleme besser zu lösen.

Ich kann selbst bestimmen, wann ich arbeiten möchte.

Ich muss nicht erziehen, sondern darf helfen.

Was ist schwierig an deiner Arbeit?

Dass ich „nur" zuhören kann

Ich erfahre nie, wie es nach dem Anruf weitergeht.

Manchmal überfordern mich die Gesprächsthemen.

Warum passt diese Arbeit zu dir?

Ich kann gut zuhören UND rede gern UND mag Kinder.

Ich mag Telefonieren.

Ich kann gut Situationen analysieren und Lösungen finden.

Was muss ich können, wenn ich das auch werden will?

Gut zuhören

Mindestens 16 sein und eine Schulung beim Kinderschutzbund machen

Kinder mögen, keine Vorurteile haben, deutlich sprechen

Spaß vertragen, wenn dich jemand verscheißern will

Geduld, Offenheit und Neugier mitbringen

Selbst stabil sein, dich abgrenzen können

Wer oder was hilft DIR?

Meine Kolleg:innen

Ich spreche regelmäßig mit Profis über meine Arbeit*.

Was magst du gern?

Telefonieren (hihi), Klimaschutz und Mäusespeck

Was magst du gar nicht?

Wichtigtuer, Schnecken und Lebensmittel einkaufen

*Das heißt dann Supervision.

Geheimwissen: Ich frage am Anfang, ob das Kind eine Lösung braucht oder sich auskotzen will. Das macht das Helfen einfacher. Du kannst dich immer an uns wenden, auch wenn dir gesagt wurde, dass du über etwas nicht sprechen sollst. Die Kinder, die uns anrufen, sind nicht schwach, sondern stark, weil sie sich Hilfe holen.
Wenn ich einen Scherzanruf erkannt habe, sage ich das nicht sofort. Scherzanrufe sind oft Testanrufe von Kindern, die sich noch nicht trauen, richtig mit mir zu reden.
Wir bekommen kein Geld für unsere Arbeit. Deshalb heißt es Ehrenamt.

Typische Bewegung

Das war schön

Das war traurig

Das hilft mir

Flüchtlingshelfer

Spitzname / Schimpfwort / Kosename:
Gutmensch, Herr Hilfe, Hardo

Dazu brauchen wir dich:
Ich helfe Geflüchteten bei allem, was sie brauchen, um bei uns gut anzukommen.
Zum Amt gehen, Wohnung suchen, Deutsch üben, einfach da sein

Notfälle, die oft vorkommen:
Post von Ämtern wird nicht verstanden
Angst vor der Ausländerbehörde
Angst davor, wieder zurückzumüssen
Kein Geld, keine Wohnung, keine Schule
Einsamkeit

Was macht dir am meisten Spaß?
Wenn ich heraustüfteln kann, wie wir die Lage verbessern können
Die verschiedenen Leute
Zu sehen, wie die Geflüchteten immer selbstständiger werden
Zusammen lernen, zusammen essen, zusammen lachen

Was stört dich an deiner Arbeit?
Wenn Familien getrennt oder zurückgeschickt werden
Die Vorurteile gegenüber Geflüchteten
Die Ämter arbeiten viel zu langsam.
Es gibt zu wenig Geld.

Welchen Satz sagst du oft?
Hallo, wie geht's?
Wir finden eine Lösung!
Im Plural ist der Artikel immer „die".

Wie lautet eine typische Frage an dich?
Was bedeutet das?
Kannst du helfen?
Warum hassen uns die Menschen?

Welchen Satz / welche Frage kannst du schon nicht mehr hören?
Von Behörden: Das kann ich nicht entscheiden.
Von Bekannten: Hast du keine Angst, da zu helfen?
Von vielen: Ich habe ja nichts gegen Ausländer, aber …

Was lasse ich lieber im Umgang mit dir?
Mir sagen, dass ich „bei denen" vorsichtig sein soll
Gemeine Sprüche über Geflüchtete machen
Mir ohne Hallo oder Danke ein Bild von Amtsbriefen schicken

Das war schön
Als ein Geflüchteter mich mit Blumen besucht hat, um sich für meine Hilfe zu bedanken

Das ist schlimm
Wenn mir Menschen ihre Fluchtgeschichte erzählen
Als eine Mutter und ihre Kinder in der Nacht abgeschoben wurden
Es ist immer schrecklich, die Angst der Menschen zu erleben.

Dein größter Erfolg
Ich habe erreicht, dass eine Familie aus Nigeria hierbleiben durfte. Der junge Mann, der kein Wort Deutsch konnte, hat jetzt eine abgeschlossene Ausbildung und ein eigenes Café.

Was sind die Vorteile an deiner Arbeit?
Ich erfahre viel über andere Menschen und Kulturen.
Menschen zu helfen, die so viel Schlimmes erlebt haben – das fühlt sich einfach gut an.

Was ist schwierig an deiner Arbeit?
Dass wir oft nicht die gleiche Sprache sprechen
Der Behördenirrsinn
Es auszuhalten, wenn ich nicht helfen kann

Warum passt diese Arbeit zu dir?
Ich spreche viele Sprachen.
Ich finde andere Menschen und Länder spannend.
Ich kenne mich im Behördendschungel aus.

Was brauche ich, wenn ich das auch werden will?
Respekt, Geduld und Offenheit gegenüber allen Menschen
Keine Angst vor Behördendeutsch
Ein dickes Fell und langen Atem

Bei was brauchst du Hilfe? Wer hilft DIR?
Ich habe ein großes Netzwerk und kann bei allen Problemen vom fehlenden Kinderwagen bis zur Rechtsberatung jemanden anrufen.

Was magst du gern?
Tennis, Kakteen und ein richtig schönes Frühstück

Was magst du gar nicht?
Fenchel, Kartenspiele und Drängelfritzen

Geheimwissen: Wenn du mit einem Menschen reden willst, reichen Hände, Füße und ein Lächeln. Ich kenne illegale Fluchtwege. Die meisten Flüchtlingshelfer:innen arbeiten ehrenamtlich, das heißt, sie bekommen kein Geld dafür.

Typische Handbewegung

Das ist doof

Helf-O-Meter

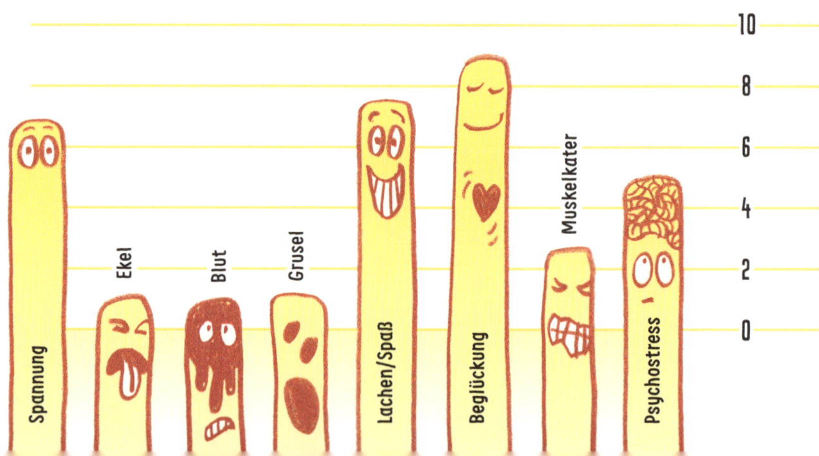

Das war schön

Größter Triumph

Das war lustig

* eine Worterfindung aus „fröhlich" und „glücklich"

Rettungsschwimmer

Spitzname / Schimpfwort / Kosename:
Bademeister, Mr. Baywatch, Adlerauge, Engel mit Flossen

Dazu brauchen wir dich:
Ich bewache den Strand und helfe bei Notfällen am und im Wasser.

Notfälle, die oft vorkommen:
Jemand schwimmt zu weit raus oder hat im Wasser einen Schwächeanfall.
Verbrennung durch Feuerqualle, Schürfwunden, Sonnenstich, Insektenstich
Eltern oder Kinder werden gesucht.

Was macht dir am meisten Spaß?
Ich bin am Meer.
Die Menschen sind in Urlaubsstimmung.
Ich verbreite Sicherheit.
Ich sorge dafür, dass alle Spaß im Wasser haben.

Was stört dich bei deiner Arbeit?
Menschen, die trotz roter Flagge ins Wasser gehen
Gaffer, die bei einem Notfall im Weg stehen und filmen
Schlechtes Wetter, dann ist es langweilig
Tolles Wetter, dann bin ich neidisch auf alle, die ins Wasser können

Welchen Satz sagst du oft?
Bitte verlassen Sie das Wasser, es zieht ein Gewitter auf.
Alles in Ordnung bei Ihnen?
Ein Tag ohne Einsatz ist ein guter Tag.

Welche Bewegung machst du oft?
Fernglas an die Augen halten
Flagge hochziehen

Wie lautet eine typische Frage an dich?
Wie warm ist das Wasser? Wie tief ist das Wasser? Kann ich ein Pflaster haben? Wo sind die Toiletten?
Sind Sie von der Feuerwehr?

Welche Frage kannst du schon nicht mehr hören?
Sind Sie von der Feuerwehr?

Was lasse ich lieber im Umgang mit dir?
Um Hilfe schreien, wenn du keine brauchst
So tun, als würdest du untergehen
Trotz roter Flagge schwimmen gehen
Mich beleidigen
Im Weg stehen

Das war schön
Als ich ein vermisstes Kind Eis essend in der Strandbar gefunden habe
Eine Mutter hat uns einen riesigen Obstkorb gebracht, weil wir ihren Kindern geholfen haben.

Das war schlimm
Als wir eine Frau wiederbeleben mussten, haben das viele mit dem Handy gefilmt.
Ein Badegast war so aggressiv, dass es zu einer Schlägerei kam.
Jemand ist trotz roter Flagge ins Wasser gegangen – wir konnten ihn nicht mehr retten.

Deine größten Erfolge
Ich habe zwei Menschen gerettet und ganz vielen das Schwimmen beigebracht.

Was sind die Vorteile an deiner Arbeit?
Ich bleibe fit und werde schön braun.
Ich kann die Rettungstechniken auch im Alltag gut gebrauchen.
Ich arbeite da, wo andere Urlaub machen.

Was ist schwierig an deiner Arbeit?
Alles im Blick zu behalten
Einzuschätzen, ob jemand Hilfe braucht oder nur wild herumtobt
Der Umgang mit muffeligen Gästen
Bei Rettungseinsätzen bringe ich auch mich selbst in Gefahr.

Wann und wie hast du mit Kindern zu tun?
Ich zeige ihnen sichere Badestellen – Kinder merken sich das oft besser als Erwachsene.

Warum passt diese Arbeit zu dir?
Weil ich ein Sunnyboy bin!
Ich liebe Wasser, Strand und Meer.
Ich bin kontaktfreudig und treffe gern schnell Entscheidungen.

Bei was brauchst du Hilfe? Wer hilft DIR?
Der Rettungsdienst und die Feuerwehr
Nach schwierigen Einsätzen rede ich mit meinem Team oder hole ich mir psychologische Hilfe.

Was magst du gern?
Basteln, Lakritz und selber am Strand liegen

Was magst du gar nicht?
Sellerie, Miesepeter und Malerarbeiten

Geheimwissen: Rasierschaum hilft bei Quallenverbrennungen. DLRG = Deutsche Lebensrettungsgesellschaft. Außer der DLRG gibt es auch die Wasserwacht. Die Rettungsschwimmer:innen von der DLRG arbeiten meistens ehrenamtlich, sie bekommen kein Geld dafür. Sogar ihre Einsatzkleidung bezahlen sie oft selbst!

* Dafür brauchst du in Deutschland das Silberne Rettungsschwimmabzeichen. Um es zu bekommen, musst du unter anderem

Häufiger Notfall 1

Häufiger Notfall 2

Helf-O-Meter

Typische Handbewegung

Mein größter Erfolg

Typische Frage 1

Typische Frage 2

– in höchstens 12 Minuten 300 Meter in Klamotten schwimmen und dich danach im Wasser ausziehen,
– in höchstens 4 Minuten eine Person 50 Meter abschleppen (beide in Klamotten),
– in höchstens 3 Minuten 3x einen 5 Kilo schweren Gegenstand aus 3 bis 5 Metern Tiefe heraufholen,
– wissen, wie du dich aus einem Halswürgegriff von hinten befreist.

Polizistin

Spitzname / Schimpfwort / Kosename:
Bulle, Polente, Freund und Helfer, Cop

Dazu brauchen wir dich:
Ich wehre Gefahr für Leib und Leben ab.
Ich schütze dich und verhindere Verbrechen oder schreite ein, wenn sie passiert sind.

Notfälle, die oft vorkommen:
Unfälle, Einbrüche, Diebstähle, Schlägereien
Vermisste Personen, Ruhestörung

Was macht dir am meisten Spaß?
Vielen Menschen in ganz verschiedenen Lebenslagen zu helfen
Mit meinem Streifenpartner zusammenzuarbeiten
Es ist immer wieder spannend.

Was ist doof und stört dich an deiner Arbeit?
Der Schichtdienst
Die Überstunden
Dass ich manchmal beleidigt werde

Welchen Satz sagst du oft?
Erzählen Sie mir den Vorfall aus Ihrer Sicht.
Können Sie die Person beschreiben?
Geben Sie mir bitte Ihren Ausweis.

Welche Bewegung machst du oft?
Zum Funkgerät greifen
Notizbuch rausholen
Berichte in den Computer tippen

Wie lautet eine typische Frage an dich?
Wie geht es jetzt weiter?
Hast du die Waffe schon mal benutzt?

Welchen Satz kannst du schon nicht mehr hören?
Kümmern Sie sich lieber um die richtigen Verbrecher.
Du blöder Bulle!
Ich habe doch gar nichts gemacht.

Was lasse ich lieber im Umgang mit dir?
Mich beleidigen, anschreien oder anfassen.

Wann und wie hast du mit Kindern zu tun?
Wenn sie an einem Unfall beteiligt sind
Wenn sie vermisst werden
Manchmal geben sie uns Hinweise.

Das war schön
Als ich ein vermisstes Kind zurück zu seinen Eltern bringen konnte.
Ich habe mal Entenküken gerettet, indem ich den Verkehr für sie angehalten habe.
Ich habe bei einem Dieb über 100 gestohlene Gegenstände gefunden und sie den Geschädigten zurückgebracht.

Das ist schlimm
Eine Todesnachricht zu überbringen

Deine größten Erfolge?
Ich habe einen Serienbrandstifter auf frischer Tat erwischt.
Ich habe im Tatort eine Polizistin gespielt.
Als ich einen Mörder festnehmen konnte

Was sind die Vorteile an deiner Arbeit?
Der Beruf und mein Gehalt sind sicher.
Ich habe oft zu komischen Zeiten frei.
Es ist immer toll, Menschen zu helfen.

Was ist schwierig an deiner Arbeit?
Ruhe reinzubringen, wenn es brenzlig und gefährlich ist
Immer geduldig zu bleiben
Das Leid anderer Menschen auszuhalten.
Immer diese Diskussionen
Wir müssen aushalten, dass viele Leute uns doof finden.
Immer, wenn ich losmuss, ist etwas Schlimmes passiert.

Warum passt diese Arbeit zu dir?
Ich bin eine selbstbewusste Frau mit Sinn für Gerechtigkeit.
Ich kann ruhig und konzentriert handeln.

Was muss ich können, wenn ich das auch werden will?
Du musst den Einstellungstest bestehen.
Sportlich, flexibel, geduldig und offen sein für Menschen aller Art

Was wolltest du als Kind werden?
Polizistin!

Bei was brauchst du Hilfe? Wer hilft DIR?
Bei schwierigen Einsätzen hilft uns die Feuerwehr.
Manchmal werde ich sehr traurig, wenn etwas Schlimmes passiert ist. Dann hilft es mir, mit meinem Team und meiner Familie zu reden.
Fortbildungen helfen uns, fair zu bleiben und keine Vorurteile zu haben.

Was magst du gern?
Sport, Schlafen und Fischstäbchen.

Was magst du gar nicht?
Unpünktlichkeit, Lakritze und Dauerregen.

Geheimwissen: Ich weiß, wie man Schlösser knackt. Auch Polizistinnen und Polizisten haben manchmal Angst.

Typische Handbewegung*

Das ist lustig

* Hände in Hosentaschen sind verboten!

Helf-O-Meter

** filmt den Einsatz

* Hä? Ein Auto ohne Rückspiegel? Das gibt einen Strafzettel ...

Das ist doof

Das ist toll

Mein größter Erfolg

Typischer Satz

Integrationshelferin

Spitzname / Schimpfwort / Kosename:

I-Helferin, Mädchen für alles, Du!

Dazu brauchen wir dich:

Ich helfe „meinem" Kind, selbstständig in der Schule zu sein. Außerdem werde ich gebraucht als Kummerkasten, Motivatorin, Witzbold, Konfliktlöserin und Herzensmensch

Notfälle, die oft vorkommen:

Krampfanfall, Wutausbruch, Streit

Das Kind verschluckt sich oder macht in die Hose.

Ich erkläre, was in der Schule anliegt

Was macht dir am meisten Spaß an deiner Arbeit?

Ich habe mit tollen Kindern zu tun.

Ganz oft ist es richtig witzig.

Wenn ich etwas für „mein" Kind verbessern kann

Es macht mir Spaß, die Kinder unbeschwert und lachen zu sehen.

Was ist doof und stört dich an deiner Arbeit?

Zu wenig Zeit für schöne Dinge

Schlechte Bezahlung, zu wenig Wertschätzung

Wenn Absprachen mit Lehrer:innen oder Eltern nicht funktionieren

Rückenschmerzen vom Rollstuhl-Wuchten

Stundenzettel ausfüllen finde ich ultra langweilig.

Welchen Satz sagst du oft?

Schau mal an die Tafel!

Komm, ich helfe dir.

Ist nicht schlimm.

Ich mag dich, du Quatschbär!

Welche Bewegung machst du oft?

Essen und Trinken geben

Heben, tragen, bücken, laufen und die rechte Augenbraue leicht anheben

Wie lautet eine typische Frage an dich?

Wann gibt's Frühstückspause?

Kannst du mir helfen?

Welche Frage kannst du schon nicht mehr hören?

Wann ist Schulschluss?

Was lasse ich lieber im Umgang mit dir?

An mir rumzupfen, wenn ich gerade mit meinem Kind arbeite

Mich anschreien

Gemein über Menschen mit Behinderung reden

Das war witzig

Wie ich im Kunstunterricht kurz neben dem Kind eingenickt bin und wach wurde, als es mich mit Acrylfarbe angemalt hat – ich hab es einfach weitermalen lassen, das hat uns beiden Spaß gemacht.

Das ist traurig

Wenn wir mal wieder zur Schule kommen und ein weiteres Foto hängt in der Halle. Von einem Kind, das gestorben ist.

Deine größten Erfolge

Wenn mein Kind die Klasse wichtiger findet als mich

Als Han beim Buchstabierwettbewerb gewonnen hat

Was sind die Vorteile an deiner Arbeit?

Der Umgang mit Menschen tut mir gut.

Die Arbeit ist anstrengend und dabei sehr erfüllend. Und jeder Tag ist anders.

Was ist schwierig an deiner Arbeit?

Vertrauen herstellen, immer geduldig sein

Mit jeder Situation richtig umzugehen

Nicht alle Probleme mit nach Hause zu nehmen

Warum passt diese Arbeit zu dir?

Ich habe keine Berührungsängste.

Was muss ich können, wenn ich das auch werden will?

Du brauchst ein verdammt dickes Fell und viel Einfühlungsvermögen, darfst dich vor nix ekeln. Gut wäre eine pädagogische Ausbildung, etwa als Heilerziehungspfleger:in.

Bei was brauchst du Hilfe? Wer hilft DIR?

Die Familie, die Lehrerinnen und Therapeuten. Es ist wichtig, selbst Hilfe einzufordern! Gemeinsam viel reden und lachen hilft auch.

Was magst du gern?

Gurkensalat, meinen Schrebergarten und mit meinen Kindern toben. Ich mach aber auch ganz gerne mal nichts.

Was magst du gar nicht?

Kaltes Wasser, Erziehungsanfälle und Avocado.

Geheimwissen: Viele denken „Ich könnte das nicht", aber wenn sie ein Praktikum als Heilerziehungspfleger:in machen, sind sie hin und weg.

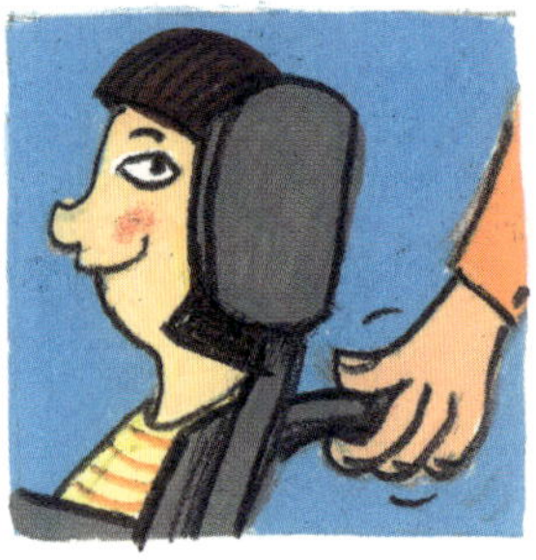

Typische Handbewegung

Typischer Satz

* Frau Schimpf schimpft nur ganz selten ...

Das ist doof

Größter Erfolg

Doofer Satz

Mitarbeiter bei der Bahnhofsmission

Spitzname / Schimpfwort / Kosename: Blauer Engel. Junger Mann.

Dazu brauchen wir dich: Ich helfe Menschen am Bahnhof.

Typische Bewegung

Doofer Satz

Das war lustig

Und das war schön

Notfälle, die oft vorkommen:

Zug verpasst

Jemand weiß nicht weiter, weil sein Leben entgleist ist.

Menschen brauchen Hilfe beim Ein-, Aus- und Umsteigen.

Handyakku ist leer.

Hunger, Durst, Einsamkeit und Traurigkeit

Kein Platz zum Schlafen, kein Geld, keine saubere Kleidung

Zu viel Alkohol

Was macht dir am meisten Spaß?

Ich bin mitten am Puls der Stadt.

So viele verschiedene Menschen!

Helfen macht mich glücklich.

Die tollen Kolleg:innen

Was stört dich bei deiner Arbeit?

Leute, die drängeln, wenn wir gerade einen Rolli in den Zug heben wollen und Platz brauchen

Unfreundliche, respektlose Menschen

Der Lärm am Bahnhof

Welchen Satz sagst du oft?

Den Kaffee mit Milch und Zucker?

Das kriegen wir schon hin.

Gute Reise!

Welche Bewegung machst du oft?

Etwas überreichen (Kaffee, ein Brötchen, Kleidung, Menstruationsartikel)

Nicken

Wie lautet eine typische Frage an dich?

Kennen Sie sich hier aus?

Kann ich hier mein Handy aufladen?

Habt ihr etwas zu essen?

Was lasse ich lieber im Umgang mit dir?

Ungeduldig oder aggressiv werden

Mich belügen, beschimpfen oder mir drohen

Mich wie einen Diener oder Kofferträger behandeln

Wann und wie hast du mit Kindern zu tun?

Ich helfe Familien mit vielen Kindern beim Umsteigen.

Wenn Kinder alleine reisen, helfe ich beim Umsteigen oder fahre mit.

Wenn Kinder im Bahnhof ihre Eltern verloren haben.

Das war schön

Ein Kind war bei uns in der Bahnhofsmission, weil es im Trubel die Eltern verloren hatte. Das Strahlen, als das Kind abgeholt wurde, war wunderbar!

Das ist traurig und schlimm

Ein Vater sollte sein Kind abholen und kam nicht.

Wenn wir nicht genug für alle haben

Die Einsamkeit der Menschen

Deine größten Erfolge?

Wenn jemand zum Abschied sagt „Jetzt geht es mir besser!"

Ich durfte einer berühmten Person beim Ein- und Aussteigen am Hauptbahnhof helfen.

Wenn wir Unterbringungen organisieren können

Was sind die Vorteile an deinem Beruf?

Die absolut interessantesten Menschen der Welt

Viel Bewegung und Abwechslung

Zuverlässige Kolleg:innen

Nebenbei kann man immer mal was essen.

Was ist schwierig an deiner Arbeit?

Sich zu merken, wer jetzt wie seinen Kaffee will

Die Traurigkeit mancher Gäste

Der raue Umgangston

Manchmal hat man es mit schwierigen Leuten zu tun.

Warum passt diese Arbeit zu dir?

Ich helfe gern, bin gerne unter Menschen und liebe den Bahnhof

Ich kann mich gut abgrenzen.

Ich bin flexibel, freundlich und kann gut organisieren und zuhören.

Ich lache viel und komme schnell ins Gespräch.

Was muss ich können, wenn ich das auch werden will?

Du solltest bahnaffin sein.

Du musst dich gut abgrenzen können und alle Menschen nehmen, wie sie sind.

Gut zuhören

Bei was brauchst du Hilfe? Wer hilft DIR?

Mein Team

Die DB-App

Manchmal die Polizei

Menschen, die Spenden bringen

Wenn jemand in den Gastraum kotzt oder in die Hose macht, hilft mir eine Kollegin beim Saubermachen.

Was magst du gern?

Blumen gießen, Punk und Klöße

Was magst du gar nicht?

Rosenkohl, graue Novembertage und mit nassen Haaren ins Bett

Geheimwissen: Ein leerer Kaffeebecher ist praktisch zum Schnorren. Die Bahnhofsmission ist nicht für eine Religion, wir helfen allen. Bei der Bahnhofsmission ist alles kostenlos. Kaffee komplett = Kaffee mit 2 Löffeln Zucker und 2 Löffeln Milchpulver. Zu Weihnachten spenden viele, aber im Sommer ist manchmal nichts da. Die Bahnhofsmission ist nicht die Deutsche Bahn – über Verspätungen meckern bringt bei uns nix!

Das ist traurig

… und sowas auch

Helf-O-Meter

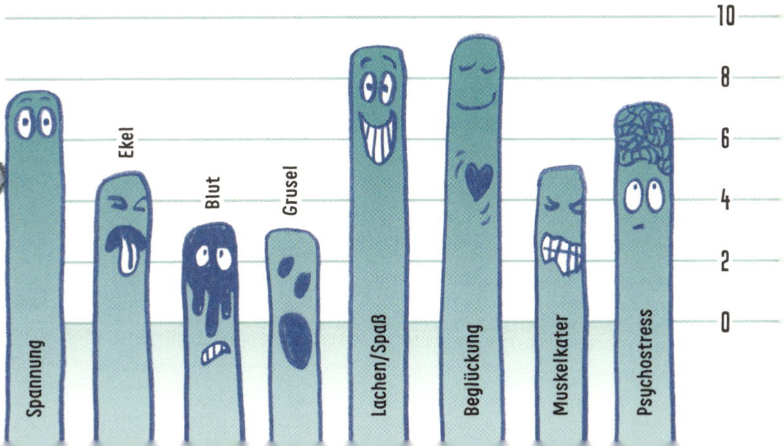

Notfallsanitäter

* In der Schweiz die 144

Das war schön

Das ist doof

Typischer Satz

Das war traurig

Das war lustig

* Nullrunde bedeutet eine Schicht ganz ohne Notfall!

Spitzname / Schimpfwort / Kosename:
Sani, Krankenwagenbelademeister, Retter, Taxifahrer

Dazu brauchen wir dich:
Ich komme mit dem Krankenwagen und helfe bei medizinischen Notfällen.

Notfälle, die oft vorkommen:
Herzinfarkt, Schlaganfall, Verkehrsunfall, Stürze, Wespenstiche im Sommer, Knochenbrüche im Winter

Einsamkeit

Was macht dir am meisten Spaß?
Ich kann Menschen das Leben retten.

Jeden Tag passiert was anderes.

Wir sind ein tolles Team.

Ich erlebe Menschen sehr direkt und unverstellt.

Was stört dich bei deiner Arbeit?
Menschen, die uns rufen, obwohl sie keinen Notfall haben.

Wenn keine Rettungsgasse gebildet wird.

Welchen Satz sagst du oft?
Warum haben Sie uns angerufen?

Was und wie genau ist das passiert?

Piekst mal kurz.

Keine Sorge, wir sind jetzt da und helfen Ihnen – alles wird gut!

Welche Bewegung machst du oft?
Trage rein- und rausschieben

Mich neben die Patient:innen hocken

Verletzte am Arm nehmen und beim Gehen stützen

Wie lautet eine typische Frage an dich?
Sind Sie Arzt?

Wohin fahren wir?

Ist das schlimm?

Muss ich jetzt ins Krankenhaus?

Welchen Satz kannst du schon nicht mehr hören?
Ich dachte, wenn ich mit Ihnen ins Krankenhaus fahre, komme ich schneller dran.

Was lasse ich lieber im Umgang mit dir?
Mich bei der Arbeit behindern oder fotografieren

Unfreundlich sein

Gar nichts Schlimmes haben

Das fand ich rührend
Als ein Kind ganz dankbar war, dass wir seine Mama nach einem schweren Verkehrsunfall gerettet haben.

Eine alte Frau hat uns nur gerufen, weil sie so einsam war, und hat uns Kaffee und Kuchen angeboten.

Das war schlimm
Vier tote Jugendliche nach einem Verkehrsunfall

Zu sehen, wie einsam eine alte Frau im Pflegeheim war – obwohl ihre Familie im selben Dorf wohnte!

Was sind die Vorteile an deiner Arbeit?
Ich lerne vieles, was ich auch privat gebrauchen kann.

Ich bin immer da, wo es spannend ist.

Ich weiß nie, was mich erwartet.

Dein größter Erfolg
Immer wieder darf ich Lebensretter sein!

Was ist schwierig an deiner Arbeit?
Die Arbeitszeiten

Patient:innen eine enge Treppe runtertragen

Dass ich nicht alle retten kann

Ich weiß nie, was mich erwartet.

Warum passt diese Arbeit zu dir?
Ich helfe gern und merke schnell, wie es Menschen geht.

Gebraucht zu werden macht mich glücklich.

Was brauche ich, wenn ich das auch werden will?
Du solltest einen starken und mitfühlenden Charakter haben.

Ganz wichtig: keine Angst vor Krankheiten, Verletzungen und Blut!

Interesse für Medizin

Bei was brauchst du Hilfe? Wer hilft DIR?
Nach einem schlimmen Einsatz brauche ich jemanden zum Reden.

Mir hilft meine Kollegin, mit der ich unterwegs bin

Die Notärztin

Feuerwehr und Polizei

Was magst du gern?
Fischbrötchen, gute Laune und meine Hühner

Was magst du gar nicht?
Deutschrap, Ananas und den Abwasch machen

Geheimwissen: Wir wissen, wo es das beste Essen zum Mitnehmen gibt.

Grundschullehrerin

Spitzname / Schimpfwort / Kosename:
Du, Frau Akay, Paukerin, Aki

Dazu brauchen wir dich:
Ich bringe dir Lesen, Schreiben und Rechnen bei. Und noch ganz viel mehr!
Als Pflaster- und Taschentuchlieferantin

Notfälle, die oft vorkommen:
Aufgabe nicht verstanden
Unglückliches Kind braucht Trost.
Kleinere Katastrophen auf dem Schulhof (Tränen, Streit, Nasenbluten, Hingefallen, Niemanden zum Spielen)
Sprachprobleme

Was macht dir am meisten Spaß an deiner Arbeit?
Wenn alle gut arbeiten und sich gegenseitig helfen
Gemeinsam Erfolge feiern

Was stört dich an deiner Arbeit?
Manche Mecker-Eltern, der Schreibkram, der Lärm, das frühe Aufstehen und dass ich nicht immer so arbeiten darf, wie es gut wäre

Welchen Satz sagst du oft?
Ich wette, du schaffst das!
Aufgepasst und zugehört!

Welche Bewegung machst du oft?
Auf die Tafel zeigen
Durch die Klasse laufen
In die Hocke gehen

Wie lautet eine typische Frage an dich?
Frau Akay, kannst du mir helfen?
Kann ich aufs Klo?
Wie geht das?

Was kannst du schon nicht mehr hören?
Warum müssen wir das machen?
Kann mein Kind aufs Gymnasium?
Lehrer haben vormittags recht und nachmittags frei.

Was lasse ich lieber im Umgang mit dir?
Reinrufen
Nicht an die vereinbarten Regeln halten
Über Noten diskutieren

Eine witzige / schöne Begebenheit?
Als ich mit neuer Frisur in die Schule kam und ein Kind rief: „Du hast neue Haare, aber ich erkenn dich trotzdem!"
Ein ehemaliger Schüler hat mir später einen Brief geschrieben und sich für meine Geduld bedankt.

Deine größten Erfolge?
Dass ich trotz einer schlechten Note im Examen eine richtig gute Lehrerin bin!
Einmal habe ich dafür gesorgt, dass ein Kind das Abitur macht, obwohl seine Eltern ihm das nicht zugetraut haben.

Was sind die Vorteile an deiner Arbeit?
Die tollen, kreativen Kinder
Die Abwechslung
Neben den Unterrichtsstunden kann ich meine Arbeit frei einteilen.
Der Job ist sicher.

Das war schlimm
Ein Kind hat mir erzählt, dass es zuhause geschlagen wird.

Was ist schwierig an deiner Arbeit?
Es sind zu viele Kinder in einer Klasse.
Dass die Schule sich fast nichts leisten kann – noch nicht mal saubere Schulklos!
Noten geben zu müssen
Allen gleich gut zu helfen

Warum passt diese Arbeit zu dir?
Weil ich gern mit Kindern arbeite
Ich bin kreativ und spontan.
Ich kann allen Kindern vermitteln, dass sie super sind – egal, wie sie in der Schule sind.

Was brauche ich, wenn ich das auch werden will?
Abitur, Studium und Referendariat
Außerdem ein dickes Fell, viel Mut, Geduld und Lust auf die Arbeit
Du solltest gut erklären können und die Kinder immer ernst nehmen.

Bei was brauchst du Hilfe? Wer hilft DIR?
Die Kinder helfen mir bei vielen kleinen Dingen (Tischdienst, Fegen, Sachen verteilen).
Der Hausmeister bei allem Möglichen
Ich tausche mich mit anderen Lehrerinnen und Lehrern aus.

Was magst du gern?
Lesen, Verreisen und Kaiserschmarrn

Was magst du gar nicht?
Weich gekochten Brokkoli, Zeugnisse schreiben und wenn Menschen immer gleich „geht nicht" sagen

Geheimwissen: Ich hatte in der Schule mal eine 6. Ich fluche gern beim Autofahren. Zensuren sind überhaupt nicht so wichtig. In meinem Arbeitszimmer sieht's aus wie bei Hempels unterm Sofa.

Das ist schön

Das ist traurig

Helf-O-Meter

Das ist schön

Das ist schwierig

Typische Handbewegung

Bestatter

Spitzname / Schimpfwort / Kosename: Totengräber, Leichenwäscher, Undertaker

Typische Bewegung

Notfälle, die oft vorkommen

Dazu brauchen wir dich:
Ich hole Verstorbene ab und regele alles rund um die Beerdigung.

Was macht dir am meisten Spaß an deiner Arbeit?
Ich mache eine traurige Situation so schön wie möglich.
Dass ich Menschen in einer schwierigen Situation viel abnehmen kann

Was ist doof und stört dich an deiner Arbeit?
Altmodische Vorschriften auf Friedhöfen
Fiese Gerüche

Welchen Satz sagst du oft?
Mein herzliches Beileid.
Wir sind immer für Sie da.
Es ist in Ordnung, zu weinen.
Möchten Sie noch etwas fragen?

Wie lautet eine typische Frage an dich?
Darf ich sie nochmal sehen?
Wie teuer wird die Beerdigung?
Was muss ich jetzt machen?

Was kannst du schon nicht mehr hören?
Gestorben wird immer!
Hast du dich schon mal in einen Sarg gelegt?
Können Sie die Traueranzeige noch einmal ändern?

Was lasse ich lieber im Umgang mit dir?
Schüchtern sein: Frag bitte alles, was du wissen möchtest.
Zu viele Menschen zur Besprechung mitbringen
Telefonstreiche

Das war schlimm
Als ich angerufen wurde, weil ein guter Freund von mir plötzlich gestorben ist

Dein größter Erfolg?
Wenn bei einer Beerdigung mit vielen Extrawünschen alles klappt

Was sind die Vorteile an deiner Arbeit?
Ich bin mein eigener Chef.
Man ist viel in der Natur.
Ich kann Menschen helfen.

Was ist schwierig an deiner Arbeit?
Dass Trauernde oft ihren Stress an mir auslassen
Wenn Menschen auf schlimme Weise gestorben sind

Was muss ich können, wenn ich das auch werden will?
Stark bleiben, wenn alle um dich traurig sind
Keine Angst vor Menschen haben, ob tot oder lebendig

Bei was brauchst du Hilfe? Wer hilft DIR?
Meine Frau – mit ihr rede ich viel über alles.
Mein tolles Team
Bei dem Papierkram helfen die Leute in Kirchen und Behörden.
Bei den Trauerfeiern helfen die Floristin, der Trauerredner, die Musiker:innen.

Was magst du gern?
Meine Familie, Comics und laute Musik

Was magst du gar nicht?
Eingebildete Menschen, Rosenkohl und wenn jemand mit vollem Mund spricht

Das ist lustig

Das mag ich

Das hasse ich

Das war schön

Geheimwissen: Ich freue mich immer über Blumen als Dankeschön – bekomme ich als Mann aber leider selten. Bestattungsinstitute sind oft langjährige Familienbetriebe. Hatte also dein Urgroßvater eins, das dann erst deine Oma und dann deine Mutter übernommen hat, kann es gut sein, dass auch du Bestatter:in wirst.

Hebamme

Spitzname / Schimpfwort / Kosename: Hebi, Hebmama, Personal Escape Room Assistentin für extrem Minderjährige

Typische Bewegung*

Mag ich nicht

Das ist ganz schlimm

* Hebammen können super Gewichte schätzen!

Dazu brauchen wir dich:

Ich begleite Mütter und Kinder durch die Schwangerschaft, bei der Geburt und danach.

Notfälle, die oft vorkommen:

Blutungen während der Schwangerschaft

Mit dem Herzschlag vom Baby stimmt was nicht.

Wunder Babypopo, Probleme beim Stillen

Was macht dir am meisten Spaß?

Zu sehen, wie glücklich alle sind, wenn das Baby da ist

Die Nähe zu Menschen

Was stört dich bei der Arbeit?

Zu viel Arbeit, zu wenig Kolleginnen

Mal morgens, mal mittags, oft nachts arbeiten müssen

Welchen Satz sagst du oft?

Sie machen das super!

Das ist alles normal.

Happy Birthday!

Wie lautet eine typische Frage an dich?

Ist das normal?

Wie geht's dem Baby?

Was kannst du schon nicht mehr hören?

Ist das nicht total ekelig?

Oh, Hebamme, wie toll! Den ganzen Tag kleine süße Babys um dich rum!

Wann schläft mein Baby durch?

Was lasse ich lieber im Umgang mit dir?

Ständig nach der Ärztin fragen

Keinen Kaffee im Haus haben

Mir Merci-Schokolade schenken

Deine größten Erfolge

Wenn ich merke, dass ich nicht mehr gebraucht werde

Wenn Freudentränen kullern

Als ich meine eigene Praxis eröffnet habe

Was sind die Vorteile an deiner Arbeit?

Am Ende sind fast immer alle glücklich.

Sie ist nie langweilig und sehr abwechslungsreich.

Was ist schwierig an deiner Arbeit?

So viel zu tun und immer das Gefühl, ich müsste noch mehr machen

Manchmal die schlimmen Schicksale

Auch mal Nein zu sagen, obwohl es immer Schwangere gibt, die meine Hilfe brauchen

Warum passt diese Arbeit zu dir?

Weil ich auch bei großem Stress den Überblick behalten und die Ruhe bewahren kann

Was brauche ich, wenn ich das auch werden will?

Geduld und Einfühlungsvermögen

Du solltest Blut sehen und Gerüche aushalten können.

Du muss fit sein, denn es ist anstrengend.

Du musst bereit sein, zu unmöglichen Zeiten zu arbeiten.

Das war schön

Ein Paar, das aus Nordafrika stammte, hat ihr neugeborenes Mädchen mit einem sanften Gesang begrüßt. Das hat mich sehr berührt.

Eine ungeplante Hausgeburt am Heiligen Morgen, während die Geschwisterkinder den Tannenbaum schmückten

Das gehört auch zu meiner Arbeit

Das ist schlimm

Wenn ein Baby tot zur Welt kommt

Wann und wie hast du mit Kindern zu tun?

Jeden Tag mit Neugeborenen

Ich wiege, messe und untersuche sie.

Ich helfe Babys, zum ersten Mal an der Brust zu trinken.

Bei was brauchst du Hilfe? Wer hilft DIR?

Bei Komplikationen während der Geburt helfen mir Ärzt:innen.

Wir Hebammen bräuchten dringend Hilfe von der Politik, damit wir sicher arbeiten können.

Was magst du gern?

Joggen, Quiche und Mittelalterrockmusik

Was magst du gar nicht?

Spinnen, Lügen und ohne guten Grund geweckt werden

Geheimwissen: Hebammen wissen genau, wie viel 10 cm sind, denn so groß muss ein Muttermund sein, damit der Babykopf durchpasst. Wenn Hebammen Fehler machen, drohen ihnen hohe Strafen. Deshalb müssen sie eine furchtbar teure Versicherung abschließen. Das ist unfair! Es gibt auch männliche Hebammen. Nicht alle, die Kinder gebären, sind Frauen.

Typische Sätze

Mitarbeiterin beim Duschbus

Spitzname / Schimpfwort / Kosename:
Bei uns gibt's keine Spitznamen!

Dazu brauchen wir dich:
Ich sorge dafür, dass Menschen, die auf der Straße leben, duschen können und frische Kleidung bekommen.

Notfälle, die oft vorkommen:
Einem Duschgast geht es so schlecht, dass wir den Rettungswagen rufen müssen.

Was macht dir am meisten Spaß?
Das Lächeln unserer Gäste, wenn sie frisch geduscht und angezogen aus dem Badezimmer kommen

Die Scherze unserer Duschgäste

Beim Reinigen der Badezimmer zu tanzen

Meinen Kolleg:innen Streiche spielen, wenn wir Zeit haben

Was stört dich an deiner Arbeit?
Schlechtes Wetter und zu viel Wind

Dass wir nicht allen Menschen auf der Straße helfen können

Welchen Satz sagst du oft?
Kaffee mit Milch und Zucker?

Pass auf dich auf.

Wie lautet eine typische Frage an dich?
Ist gerade ein Badezimmer frei?

Habt ihr Schuhe in Größe 46?

Kann ich ein Wasser haben?

Welche Bewegung machst du oft?
Der Duschbus ist wie ein Fitnessstudio – da bleibt keine Bewegung aus!

Was lasse ich lieber im Umgang mit dir?
Einfach in den Bus spazieren und Fotos machen, obwohl da drin gerade jemand duscht

Das ist schön
Wenn wir mit dem Duschbus an Ampeln stehen, loben uns oft die Leute aus den anderen Autos.

Unsere Duschgäste schenken uns selbst gepflückte Blumen, um sich zu bedanken.

Einmal haben wir einen frischen Fisch geschenkt bekommen! Da wir keinen Kühlschrank haben, mussten wir das Geschenk leider ablehnen.

Das ist traurig
Unsere Duschgäste haben oft Wunden an Händen und Füßen, die schlecht oder gar nicht versorgt sind.

Dein größter Triumph?
Als wir 168.000 € sammeln konnten, um einen alten Linienbus in einen Duschbus zu verwandeln. Da haben über 3000 Leute geholfen.

Was sind die Vorteile an deiner Arbeit?
Es gibt tolle Gespräche mit interessanten Menschen, die auf der Straße überleben müssen.

Diese Arbeit macht mich dankbar für alles, was ich habe.

Was ist schwierig an deiner Arbeit?
Zu sehen, dass Menschen auf der Straße schlafen und duschen müssen, obwohl wir so ein reiches Land sind

Auszuhalten, dass es manchen Duschgästen sehr schlecht geht

Warum passt diese Arbeit zu dir?
Weil ich empathisch bin

Weil ich ein dickes Fell habe

Weil ich gut zuhören kann

Weil ich es liebe, woanders als bei mir zuhause zu putzen

Was brauche ich, wenn ich das auch werden will?
Viel Herz, gute Laune und Lust, im Freien zu arbeiten

Und wenn du den Bus fahren willst: Führerschein Klasse C

Bei was brauchst du Hilfe? Wer hilft DIR?
Beim Aufbau unserer Markise

Und auch sonst ist mein Team ist immer für mich da.

Was magst du gern?
Lesen, in der Natur sein und vegetarische Lasagne

Was magst du gar nicht?
Wind, Rosenkohl und wenn Kinder nicht nach ihrer Meinung gefragt werden.

Geheimwissen: Unsere Duschgäste lieben Duschgel mit starkem Duft. Dann fühlen sie sich ganz lange frisch. Unterhosen sind beliebter als Boxershorts.
Die Idee für den Duschbus in Hamburg hatte Dominik Bloh, der früher selbst auf der Straße lebte. Er hat sogar ein Buch darüber geschrieben!

Typische Handbewegung

Typischer Satz 1

Helf-O-Meter

Das war lustig

Typischer Satz 2

Krankenpfleger

Spitzname / Schimpfwort / Kosename: Schwester (obwohl ich ein Mann bin!) Schwesterchen (ganz schlimm) Alltagsheld

Dazu brauchen wir dich: Ich pflege die Menschen, die im Krankenhaus liegen. Ich helfe ihnen beim Waschen, Aufs-Klo-Gehen, Essen und Trinken und bei allem, was sie brauchen.

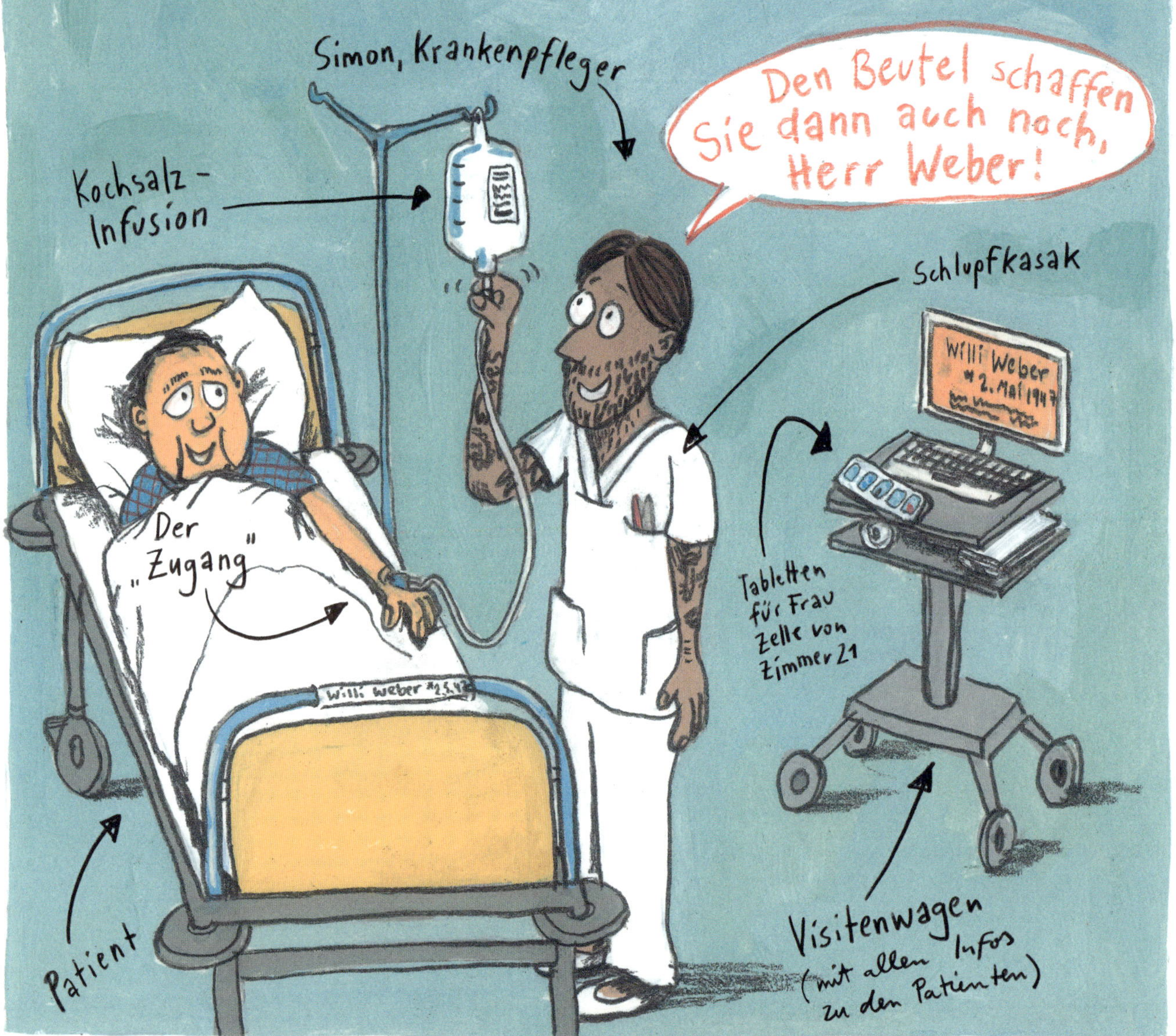

Typischer Satz

Das war schön

Das ist toll

Notfälle, die oft vorkommen:

Atemnot, plötzliche Schmerzen, Nachblutung nach einer Operation, Stürze, kein Kaffee mehr da!

Was macht dir am meisten Spaß?

Wenn die Patient:innen sich wohl bei mir fühlen und wieder gesund werden

Mit Kindern: blöde Momente wie etwa das „Pieksen" liebevoll begleiten

Ich arbeite gerne mit Menschen.

Was stört dich an deiner Arbeit?

Wir sind immer viel zu wenige und haben nie genug Zeit.

Es ist oft anstrengend.

Wir werden schlecht bezahlt.

Welchen Satz sagst du oft?

Wer hat geklingelt?

Wie geht es Ihnen?

Wie sehr tut es weh auf einer Skala von 1-10?

Welche Bewegung machst du oft?

Laufen, sehr viel laufen

Infusionen anschließen

An die Tür klopfen

Wie lautet eine typische Frage an dich?

Tut das weh?

Wann darf ich essen?

Kann ich noch ein Schmerzmittel haben?

Ich weiß, du hast heute frei, aber kannst du bitte trotzdem im Nachtdienst einspringen?

Was kannst du schon nicht mehr hören?

Wie ist das W-LAN-Passwort?

Also, ich könnte das nicht.

Was lasse ich lieber im Umgang mit dir?

Mir medizinische Fragen stellen und dann sagen, dass ich aber kein Arzt bin

Mich wegen Kleinigkeiten rufen

Mit den Fingern nach mir schnipsen

Das ist schön

Kinder erzählen manchmal lustige Sachen, wenn sie nach einer Operation aufwachen.

Als eine sehr kranke Patientin in der Krankenhauskapelle geheiratet hat und ich ihr die Haare gemacht habe.

Wenn die Krankenhaus-Clowns kommen (siehe Seite 24)

Das ist traurig

Wenn ich mit ansehen muss, wie es jemandem trotz allem immer schlechter geht und man akzeptieren muss, dass dieser Menschen sterben wird. Dann versuche ich, ihm die restliche Zeit so angenehm wie möglich zu gestalten.

Dein größter Triumph?

Eine Notfall-Patientin war nicht ansprechbar, niemand wusste, warum. Ich fand es heraus, sie bekam das richtige Medikament und war in zehn Sekunden wach.

Was sind die Vorteile an deiner Arbeit?

Ich habe frei, wenn andere arbeiten müssen.

Ich weiß, was in Notfällen zu tun ist.

Sie ist sehr abwechslungsreich.

Ich werde so schnell nicht arbeitslos.

Was ist schwierig an deiner Arbeit?

Der Schichtdienst, viele Überstunden, die körperliche Belastung

Ich habe zu wenig Zeit für die einzelnen Patient:innen und muss trotzdem alles schaffen und richtig machen.

Warum passt diese Arbeit zu dir?

Ich mag Menschen und ich helfe ihnen gerne.

Was muss ich haben oder können, wenn ich das auch werden will?

Eine dreijährige Ausbildung

Nicht vor Blut, Verletzungen und Kacke ekeln

Schnell, belastbar und genau sein

Gerne Menschen anfassen

Bei was brauchst du Hilfe? Wer hilft DIR?

Wenn während meiner Arbeit etwas Schlimmes passiert oder jemand gestorben ist, hilft es mir, darüber mit meiner Familie und meinen Kolleg:innen zu reden.

Was magst du gern?

Disney-Songs, Rennrad fahren und Dim Sum

Was magst du gar nicht?

Frühschicht, leere Versprechungen und Erbrochenes

a. In einer Bettpfanne machen sich Kranke nachts Spiegelei.
b. Auf einer Bettpfanne gehen Menschen aufs Klo, die nicht aufstehen können.

Geheimwissen: Viele Menschen verstehen erst, wie wichtig meine Arbeit ist, wenn sie selbst krank werden.

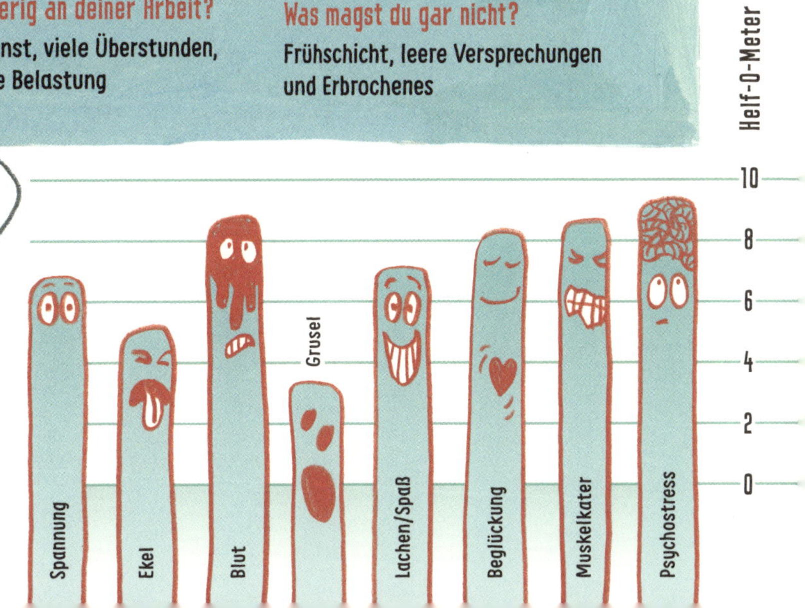

Das ist doof

Müllwerker

Spitzname / Schimpfwort / Kosename:
Putzi, Mülli, Bienchen, Ralle

Dazu brauchen wir dich:
Ich hole euren Müll ab und bringe ihn weg.

Was macht dir am meisten Spaß?
Das Fahren und mein Team
Draußen sein

Was ist doof an deiner Arbeit?
Dass ich so früh aufstehen muss
Der Verkehr mit den vielen Autos
Kälte, Regen, schlechtes Wetter
Drängelnde, meckernde Leute, im Auto und auf dem Rad
Ich bekomme zu wenig Geld.

Welchen Satz sagst du oft?
Guten Morgen!
Es ist euer Müll, den wir abholen.
Immer mit der Ruhe.
Oh nee!

Welche Bewegung machst du oft?
Tonnen rollen und auskippen – auf und nieder, immer wieder
Laufen

Wie lautet eine typische Frage an dich?
Können Sie mir sagen, wo die
....*-Straße ist?

Welche Frage kannst du schon nicht mehr hören?
Dauert das noch lange?
Muss das sein?

Was lasse ich lieber im Umgang mit dir?
Drängeln und Meckern
Mir Müll vor die Füße schmeißen

Das ist schön
Dass die Kinder sich immer so freuen: Einmal stand sogar ein kleiner Junge in oranger Arbeitskleidung an der Straße. Er durfte dann im Müllwagen mitfahren.
Schön ist auch, wenn wir bei der Arbeit viel lachen.

Das ist traurig
Wenn es Unfälle gibt, weil die Leute so gestresst sind oder auf ihr Handy gucken

Was sind die Vorteile an deiner Arbeit?
Ich bin viel draußen und habe früh Feierabend.
Ich kenne die Stadt wie meine Westentasche.

Was ist schwierig an deiner Arbeit?
Die Tonnen sind schwer und riechen nicht gut (besonders im Sommer).
Baustellen, enge Gassen, falsch parkende Autos
Wenn sich Leute auf dem Rad ganz eng durchschlängeln

Warum passt diese Arbeit zu dir?
Ich habe schon als Kind immer den Müllmännern gewunken.

Was muss ich können, wenn ich das auch werden will?
Du musst Kraft haben und wind- und wetterfest sein.
LKW-Führerschein wäre super

Was magst du gern?
Meine Enkel bespaßen, Gartenarbeit und Schnitzel

Was magst du gar nicht?
Schlager, Kälte und Rassismus

Geheimwissen: Ich habe unseren ganzen Stadtplan im Kopf.

*Hier kannst du deine Straße eintragen

Typische Bewegung

Lieblingsessen

Helf-O-Meter

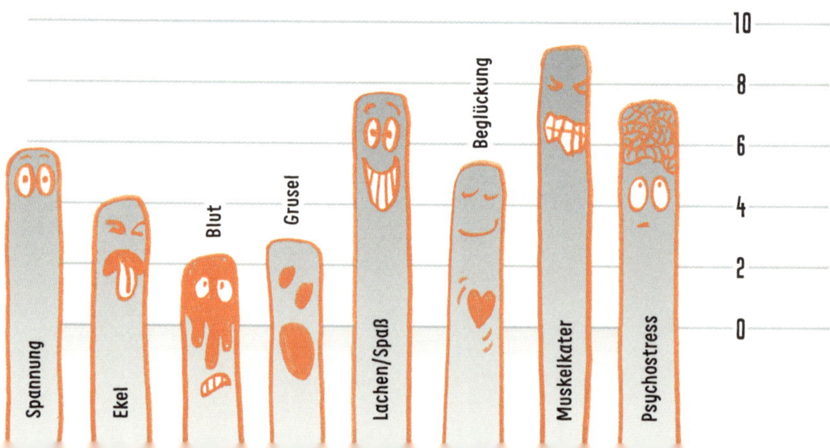

Typische Frage

Das war schön

Aber diese Leute hier, DIE können das! Und sie haben uns ganz viel von ihrer Arbeit erzählt. Danke an alle, die unsere Fragen beantwortet haben! Ohne euch hätten wir dieses Buch nicht machen können. Danke also an: AK, AKB, Alexander Herrmann, Alf, Alison, Amber, Andi, Andrea, Andrea Hoffmann, Andrea Martin, Anette, Angi, Angii, Anja aus Süddeutschland, Anke, Anke Merkle, Anke Wistinghausen, Ann aus R., Änna, Anna, Anna Baggemann, Anna Lutz, Anna S., Anna Winter, Anne aus Leipzig, Anne Beckmann, Anne Jäkel, Anne Lehmann, Anne Neumann, Annekathrin Cornelius von der Nummer gegen Kummer, Anni, Annika, Annika Niemann – Tierheimleiterin Tierheim Dorsten, Antiom, Antje, Anton, Anton M., Axel Steier, Babs von der BM, Barbara, Barbara Lampl, Barclay, Basti, Bea, Beate Gries, Becci, Beelypuff, Belinda, Belinda B., Bene, Berger, Berggeist, Bergretter Gotthard, Bergrettung Tirol, Bergwacht Sachsen, Bernd, Bettina, Bine, Birgit, Birgit L., BJ, Blauer Engel 07, Blaulicht Jochen, Bodo Woltiri, bonsai, Brummbär, BSR, Bunnypfleger, butti, BWHzbgWK, C.H., Carina Maier, Carlo, Carlotta, Carola Herter, Caroline Bollien, Caroline Moll von der Bahnhofsmission, Celina Fuchs – Tierpflegerin im Tierheim Koblenz, Chamse Hamrouni, Chef & Co., Cheyenne, Chris, chrischan, Christian, Christiane, Christin, Christin Römer, Christina Albert, Christina H., Christina Wittler – Bahnhofsmission Dortmund, Christine, Christine Künne, Christoph Meiler, Claudia Dietrich, Claudia Sch., Clemens, Coco, Commander, Con, Conny Kurpjuweit, Corina, Corinna, Corinna alias Libby, Corinna Rindle – Leiterin der Bahnhofsmission Köln, Cowboyjoe, Dani Ella, Daniel, Daniel Zielke, Davina, Den Belling, Den fleißigen Lader, Den Mann, Denise, Denise Doering, Deutsche Lebens-Rettungs-Gesellschaft e.V. (DLRG), Diana Schenesse, Die Bestatterin, Dina, Dirk Mohrdiek, DLRG, DLRG Bakum e.V., DLRG Donze, Domenico, dor Kendy, Doris F., Dr. Baby, Dr. BellaDonna, DunklesBlau, Duracell Hase, Düsi, ede, Edelweiß, Eierdame, Eika, Eila, Elena, ella, Ella, Ella vom Clownsnasen e.V. Leipzig, Emilia Feldman, EPFA, Ernsti, Erwin, Esther Kentjens, Eva, Eva Carstensen, Fabian Vogt, Frau Fajt und Herr Horstkotte von Rote Nasen Deutschland e.V., Fanny, Fayruz, Fee, Felicitas Ernst von der Berliner Stadtreinigung, Felix Freiheit, Fiona, Fischeline, Flo, Florian, Frances Baumann (Karlline Löffel), Frank Schankat, Franzi, Frau Bettina, Frau Dr. Freud, Frau Moser, Frau S. aus N., Frau Westphal, Frauke, Fräulein Frieda Pfannekuche, Friederike Leppert, Fritz Gattinger, Fuchs, G. Möller, Gabi, Gabriele, Georg Röder, Gerburgis, Gerda, Gern Förgy, Gerry, Gesa, Gia, Grashobber, Gudrun, Gudula, Gülay Ulaş von Go Banyo, Hannah, Hans-Peter Kaimer, Hardo, Hebamme Antonia, Hebamme Beate, Hebammenteam Erdmutter, Hedi, heike, Heike von Aerzte Ohne Grenzen, HeiSei, Helena Niebling, Helene, Henne, Henni, Hundeteam Na. Ni. Ve., Ilay, Insulini, Ippes, Isabel Kalis, J. Ottermann, J. Schramm, J.M., JO3, Jáckson, Jacqueline, Jan Reske,

Jana Banana, Janina Hahn – Tierheim Dorsten, Jann, JanPeer Siggelkow, Jeanette Gudd, Jenni Polo, Jenny, Jens aus der Feuer und Rettungswache F15 Stellingen, Jo Haas, Johanna, Johannes Fischer, Jonas Farid, Jonas mit Simon und Charlotte, Jörg, Jörg vom Telefon, jos, Josi, JU, Judith Kruse, Jule, Julia, Julia Holzbrink, Julia Peter, Julia vom Kinder- und Jugendtelefon, Julian Bajo, Julian Doster, Juliane Köber alias „Die Jule aus dem Tierheim", Julius Walther, Jumbo, Justus FfF, Kaala Knuffl, kace berg, Karin, Karl, Karola, Katharina Kessler, Katharina Ott, Käthe, Kathi Freudenberger, Kati, Katja, Katja, Katrin, Katrin Bergmann-Bennett, Katrin Büttner-Hoppe von ver.di, Katrin Schön, Katzenfreundin, Katzenlady, Katzenmama Schimmi, Kerstin Stellermann-Strehlow, Kette, Keule, Kiki, Kitty, KlinikClown HÄH, Konsti, Korbinian Olbrich, Laima, Lara, Latoya, Laura DLRG, Lea, Lea Schmitz vom Deutschen Tierschutzbund, Lena H., Lena R., Lenka und ihre Kollegen (nicht nur die aus dem Spiegel), Leo Elgas, Leo Staudenmayer, Leon, Leonie J., Lila König, Lila Lena, Lina Sindlinger, Linda Günther, Linny, Linus, Lisa, Lisa Eulenspiegel, Lisa Krause, Liv, Logo Mimi Rückwegs Imim, Lollo Rosso, Luisa, Luki, Lutz Breitling, Luzia, lyd, Lyn, M. Kerp, MaD, Maggi, Maja Brendel, Manuel, Mara, Marcus Frücht, Maria Wortmann – Bahnhofsmission Hameln, Marie, Marie M, Marie-Louise Lichtenberg, Mario B., Marion Ripberger, Markus von der DLRG, Mars, Martin Holzhause und alle anderen von der DLRG, Martin Schaarschmidt, Martina Friedel, Mary, mauserl1976, Max Braun, ME, Mel, Melissa von der DLRG, Metta, MFA, Mädchen für Alles, Mia, Michael, Michael aus Berlin, Michael W., Michaela Gaa, Michel Rund DLRG Köndringen, Michelle Rothmann, Michi von der MonRo Ranch, Miki, Miri, Miriam, Mirjam von Bibra, Mirke Eggers, Mit Whitney, Mo, Moja, Monika, Mooom, Mormor, MOZEnte, Murmeltier, Nadine <3, Nadine die Katzenuschi, Natalie, Natascha, Nele S., Nelle, Nelleke, Netty, NgK-Beraterin, Nickname, Nico aus dem Tierheim Moers, Nicole Mench, Nidda Niklas A., Nils Neubauer, Nils Pank, Nina, Nini, No-Mi, Nobby, Noemi, Olav Rogge von der Feuerwehr Hamburg, Oskar E., Pauline, Peter Kretzer, Petra Veiel, Phil den Kehrmaschinenfahrer, Phile, Philip Kusserow, Pia, Pierre, Plautze, Polly, PsychoCo, Pümpfi, Rahel, Raimond, Ralf H., Ralle, Randalotte, Ranger, Rasmus (JSP2911), RDlerin, Regina Barthel-Marr – Vorsitzende TSV Freital u.U.e.V., Reinhard, Rexi, Ricarda Thiel, Riesen Erdnuckel, Rine, ro tiago, Rosa Socke, Roswitha, S.D., Sabine, Sabine U, Säckchen, Sahra, Sam Blrlrlrlrlrlp, Sandra Nebe, Sanne, Sarah, Sarah Gärtner, Sarah Kreutz, Savannah aka Toni, Schuddi, Schwester M., Selvi, Serafinerll, Shirley von der Letzten Generation, Siddy, Sihalui, Simone E., Sina, Sina Degotschin, Sina Rademacher, SJ, Smilla und ihr Mensch Margit Dittrich, Sonja, Sophia, Sophie R., Sophie Rösler, Splitter, Steffen Horatschke, Steffen Nordkreuz, Steffen Wellbrock, Steffi, Steffi Herrlich, Steffi Leuer, Struppiliese, Susanne Zohl von der Stadtreinigung Leipzig, Suvan Schlund, Sylvia, Tabea, Takings, Tanja Timmermann, Tante Kitaleitung, das Team Netzwerk Feuerwehrfrauen, Thomas Wittmann, Thomas13, Tierheim Zweibrücken, Tierheimmuddi, Tierschutz in MV, Tierschutz Nordhausen e.V., Tierschutzverein Schwetzingen, Tim, Tina B., Tina Provinsky, Tini, Tobi, Tomsi, Toni, Toptorte83, TSV Pfotenhilfe, Tymur, Ulrike, Ulrike Schmidt, Uly, Uta Nordmann, Vanessa, Vera, Vera Heck, Verena, Veronica Beck, Veronika, Vicky, Viktor, Vinzenz aus Tirol, Volker Krieg, Vroni, Wibke, Wolfgang Paulus, Wolle, Xaver, Xenia Brandt, Yanar, Yette, Yvonne Osterried-Wild, Zoë Wolf *und noch ganz viele mehr …*

Inhalt

2. Auflage 2023

Illustration, Umschlag und Innengestaltung: Horst Klein, Krefeld
Satz und Herstellung: Florian v. Wissel, hoop-de-la design, Köln
Druck und Bindung: Livonia Print, Riga
Printed in Latvia
ISBN: 978-3-95470-284-8

www.klett-kinderbuch.de